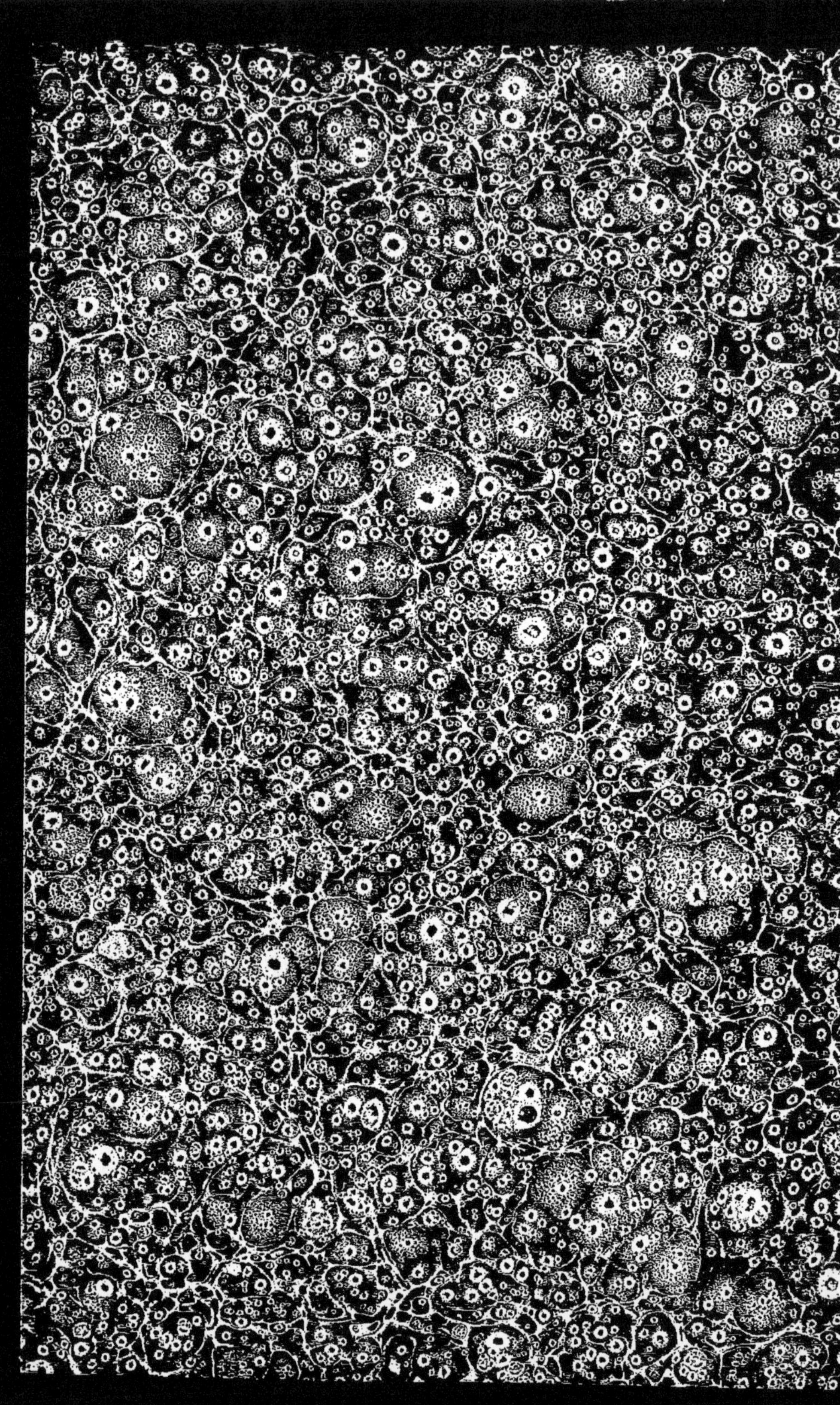

MUSÉE

DES

MONUMENS FRANÇAIS.

TOME VII.

DE L'IMPRIMERIE D'HACQUART,
RUE GÎT-LE-COEUR, N° 8.

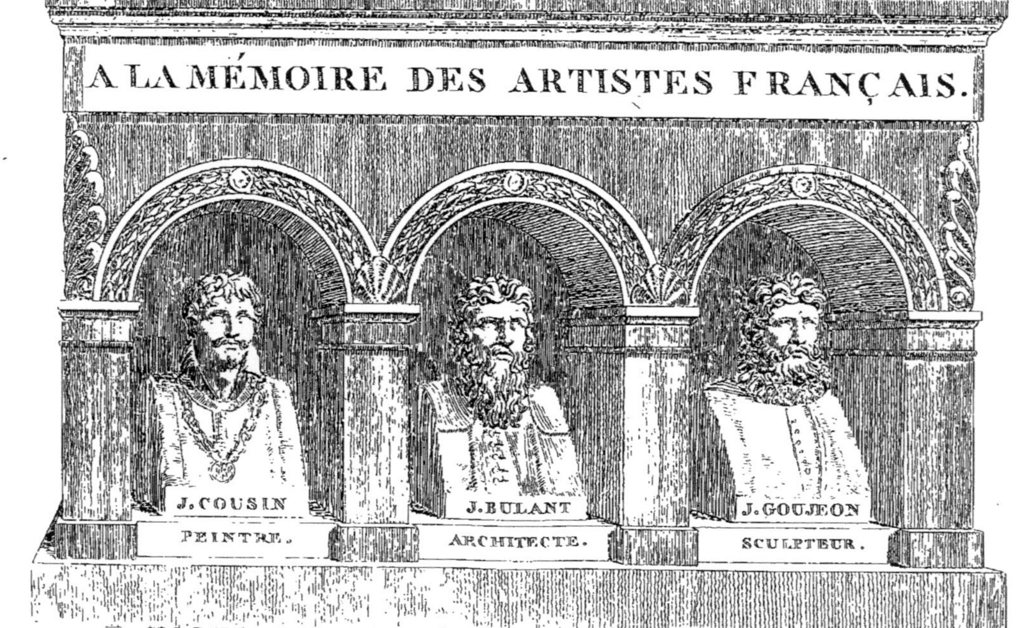
A LA MÉMOIRE DES ARTISTES FRANÇAIS.
J. COUSIN
PEINTRE.
J. BULANT
ARCHITECTE.
J. GOUJEON
SCULPTEUR.

[illegible]

[illegible]

[illegible] et en bronze, [illegible]

[illegible]

[illegible] Administrat[illegible] [illegible] Saint-Denis, Professeur [illegible]

[illegible]

MUSÉE

DES

MONUMENS FRANÇAIS,

OU

DESCRIPTION

HISTORIQUE et chronologique des Statues en marbre et en bronze, Bas-Reliefs et Tombeaux des Hommes et des Femmes célèbres, pour servir à l'Histoire de France et à celle de l'Art,

ORNÉE DE GRAVURES;

PAR ALEXANDRE LENOIR,

Chevalier de l'Ordre royal de la Légion-d'Honneur et de l'Ordre de l'Éperon-d'Or de Rome; Créateur et ancien Conservateur du Musée des Monumens français, et Administrateur des Monumens de l'église royale de Saint-Denis; Professeur d'Antiquités à l'Athénée royal de Paris; Membre de la Société royale des Antiquaires de France, et honoraire de celle de Londres, des Académies des Arcades et Italienne, des Sociétés académique des Sciences et philotechnique, etc., etc.

A PARIS,

Chez NEPVEU, Libraire, passage des Panoramas, n° 26.

1821.

AVANT-PROPOS.

On sait que l'existence du Musée des Monumens français a commencé en 1790 (5 octobre), sous les auspices de l'Assemblée nationale, de son comité d'aliénation des biens nationaux, présidé par M. le duc de la Rochefoucault. Il était naturel, sans doute, que je fusse chargé du soin de recueillir les monumens, de les conserver, de les mettre en ordre et de les décrire, puisque je donnai le premier (1) l'idée

(1) Alexandre Lenoir, créateur et administrateur du Musée des Monumens français, né à Paris, en 1762, après avoir terminé ses humanités au collége Mazarin, suivit, en qualité d'élève, les académies royales de peinture, de sculpture et d'architecture. Disciple de Gabriel-François Doyen, peintre du Roi, premier peintre de Monsieur et de S. A. R. Monseigneur le comte d'Artois; il cultiva la peinture jusqu'en 1790,

de réunir dans un local unique et spécial les tableaux, les statues et les tombeaux qui se

---

époque où il conçut le projet de réunir, dans un dépôt, tous les monumens des arts qui se trouvaient sans asile par la suppression des maisons religieuses. Ce projet, remis d'abord à Gabriel-François Doyen, fut soumis par lui à M. Bailly, premier maire de Paris, avec lequel il était lié d'amitié, et ensuite accepté par l'Assemblée nationale qui convoqua une réunion d'artistes et de savans, sous le titre de *Commission des Monumens*, et nomma M. Lenoir conservateur des Monumens et administrateur du dépôt où ils seraient réunis. M. le duc de la Rochefoucault aimait les arts et cultivait les sciences; il préféra la maison des Petits-Augustins à tout autre local, parce qu'il était près de son hôtel.

Dans la suite, à dater du 26 juillet 1793, jusqu'en janvier 1817, il a été remis, par M. Lenoir, à l'administration du Musée du Louvre, une très-grande quantité de tableaux précieux, des bas-reliefs, des statues antiques et modernes, des colonnes et autres marbres rares qu'il avait eu le soin de recueillir; il a également rendu aux différentes églises de Paris, et autres lieux, les monumens qui en avaient été enlevés, ce qui est constaté par une expédition des ordres qu'il a reçus. Dès l'année 1793 il a fait imprimer une notice explicative des monumens qui, jusqu'alors, avaient été transportés aux Petits-Augustins, et le Musée fut ouvert au public.

trouvaient dans les monastères ou dans les églises supprimées ; et si j'ai sauvé une grande quantité de monumens pendant le régime affreux de la terreur, ce n'est pas sans avoir éprouvé des dangers pour ma personne.

Les magistrats sachant que rien n'est sacré pour une multitude égarée par des hommes qui ont intérêt à tout renverser, applaudirent à la première proposition et à une surveillance qu'ils regardaient non-seulement comme utile aux arts, mais encore comme un hommage rendu à la religion. Ils arrêtèrent qu'il serait établi un *Dépôt de Monumens*, et formèrent une commission d'hommes distingués, instruits, auxquels ils m'associèrent. Je me fis un plan, et considérant la collection qui devait se former sous le rapport des arts du dessin et de l'histoire, un musée chronologiquement disposé et divisé en plusieurs salles, en fut le résultat.

En parcourant les divisions de ce Musée, l'artiste et l'amateur éclairés voyaient la rudesse des arts de nos ancêtres, symbole de leurs mœurs : ils les voyaient ensuite se perfectionner insensiblement. Ces mêmes arts, arrivés à l'époque brillante où nos Français s'étant pénétrés des vrais principes, et ayant puisé le goût du beau, d'après les chefs-d'œuvre des maîtres de l'aimable Italie, ils rapportèrent les leçons de ces artistes célèbres qui, en échange de la protection des souverains pontifes, répandirent sur leur règne le plus grand éclat (1).

Ces différences et ces relations entre les beaux arts n'ont point échappé à la sagacité des hommes de toutes les nations et de tous les rangs qui sont venus visiter le Musée. Ils ont saisi avec le même discernement les variations que leur présentaient, à d'autres égards, les su-

(1) On n'ignore pas que les papes Léon X et Jules II furent les plus zélés protecteurs des arts; que c'est au zèle pieux et aux travaux considérables que ces souverains pontifes firent exécuter au Vatican, que nous sommes redevables des chefs-d'œuvre que l'on admire depuis plus de trois siècles. On sait aussi que ce ne fut qu'environ un demi-siècle après l'achèvement de ce grand et bel édifice, que les artistes français, sous la protection immédiate de François Ier, reçurent, des grands maîtres de cette superbe Italie, les principes du vrai beau; et, qu'à cette époque seulement, ils introduisirent dans leurs productions les formes raisonnées et les belles proportions de la nature.

jets historiques recueillis dans ce *Musæum*. Dans cet asile consacré à la science et à l'étude, le philosophe religieux, frappé de tant de vicissitudes et dans l'histoire des arts, et dans l'histoire des hommes, ne pouvait refuser sa sanction à cet élan d'un orateur chrétien, dont la mâle éloquence sut si bien apprécier le néant des choses humaines.

« *Celui qui règne dans les cieux et qui*
» *relève tous les empires, à qui seul appar-*
» *tient la gloire, la majesté et l'indépen-*
» *dance, est aussi le seul qui se glorifie de*
» *faire la loi aux peuples et aux rois, et de*
» *leur donner, quand il lui plaît, de grandes*
» *et terribles leçons !....* »

Cependant, en adorant les décrets de la Providence, si nous arrêtons notre pensée sur les événemens dont nous sommes les témoins, nous ne pouvons trop lui rendre grâce des progrès de l'esprit humain : nous ne pouvons trop la remercier des bienfaits qu'elle a versés sur la France, en rétablissant le trône de Clovis, de saint Louis, de Henri IV, et en lui ramenant son prince légitime.

De nouvelles dispositions ont été prises pour la suppression du Musée des Monumens français; l'*École royale et spéciale des beaux Arts* le remplace, comme le comporte l'ordonnance royale du 24 avril 1816 (1). *Les anciens tombeaux*, lit-on, article 2, *les statues, les monumens de toute espèce qui ornaient l'église de Saint-Denis, et qui, en ayant été enlevés, ont été mis en dépôt aux Petits-Augustins, seront rendus à l'église royale pour y être replacés, etc.* Par suite de la même ordonnance, le Roi a daigné me nommer *administrateur des monumens de l'église royale de Saint-Denis*, où les monumens de la famille royale, déjà transportés, sont, en partie, placés et

---

(1) **Extrait de la lettre du Ministre de l'intérieur, du 19 novembre 1816.**

« Monsieur,

» Je vous envoie l'ampliation d'une ordonnance » royale, d'après laquelle, à partir du 1er janvier prochain, vous passerez comme administrateur des » monumens de l'église royale de Saint-Denis. Le local » des Petits-Augustins est, dès à présent, affecté à l'école des beaux-arts. Mais votre sort est assuré, il » n'est changé que d'une manière favorable; vous » quittez un dépôt pour être mis à la tête d'un autre, » et celui-ci est d'une importance qui honore l'administrateur auquel on en confie la garde, etc., etc. »

restaurés dans l'ordre chronologique des dynasties, et suivant les dates de l'histoire.

Les six volumes précédemment mis au jour avec gravures, peuvent être considérés comme le commencement de l'histoire de ce Musée qui a fixé, pendant plus de vingt-sept ans, l'attention des hommes instruits, et où les peintres, les sculpteurs, les architectes et les décorateurs nationaux et étrangers venaient étudier les progrès de l'art français, ainsi que les costumes civils et militaires des différens âges de notre monarchie. Cette première description, quoique fort étendue, étant restée incomplète, j'ai cru devoir en reprendre l'impression et ajouter *deux volumes* à ceux déjà publiés, ce qui formera en tout *huit volumes*.

Un précis historique des arts en France, la description et la gravure d'un nombre considérable de monumens nouveaux, des notes sur le rétablissement de l'église Saint-Denis, sur la réintégration à la tombe royale des rois et reines, des princes et princesses, qui, en 1793, avaient été arrachés à leurs sépulcres (1)

(1) Article 4 de l'ordonnance précitée : « Les restes » des rois, princes et princesses, dont les tombeaux

(*voyez* tome II, page xcvj), et enfin sur l'architecture dite *gothique* et la peinture sur verre, complèteront entièrement l'ouvrage commencé.

» ont été violés en 1793, et qui sont déposés dans
» deux fosses, authentiquement reconnues, et situées
» dans une partie du cimetière, dit des *Valois*, et
» indiquées au plan, seront exhumés et recueillis avec
» les précautions convenables et transportés dans des
» caveaux qui seront préparés pour les recevoir. »
(*Voyez* à la fin du tome VIII, la relation de cette pieuse opération et de l'auguste cérémonie qui a eu lieu.)

MUSÉE

DES

MONUMENS FRANÇAIS.

APERÇU HISTORIQUE

DES ARTS DU DESSIN.

PREMIÈRE PARTIE.

CHAPITRE PREMIER.

Monumens celtiques et Gallo-Romains.

L'HISTOIRE des arts, chez tous les peuples, se rattache naturellement à l'histoire politique de ces mêmes peuples. Il est donc de l'intérêt des peuples et des gouvernemens d'encourager la culture des beaux-arts. C'est par la culture des beaux arts et des sciences que les hommes se rapprochent avec confiance; c'est en les pratiquant qu'ils développent en eux-mêmes les sentimens qui honorent l'humanité. Les sciences et les arts élèvent l'imagination de l'homme, et embrâsent son cœur des feux de l'enthousiasme et de l'amour de la patrie. Quel citoyen ne se fait pas un titre de gloire d'appartenir à un grand peuple, dont les travaux font l'admiration des autres peuples ? La renommée publie d'un pôle à l'autre la gloire et le nom des savans qui font d'utiles découvertes et des artistes qui enfantent des chefs-d'œuvre.

Pline, en parlant d'Hiéron II, roi de Syracuse, et d'Attale-Philadelphe, roi de Pergame, a dit : l'honneur dans lequel un grand nombre de rois maintenaient les arts, rejaillissait sur eux; ils croyaient que c'était leur plus grande richesse et leur plus solide gloire, et que la splendeur qui en résultait devait les rendre immortels. — Frédéric-le-Grand, roi de Prusse, sentit la nécessité de faire prospérer les arts dans ses Etats, et, pour en propager le goût, il prononça lui-même un discours à l'académie de Berlin, en présence de sa cour et de la reine douairière sa sœur, sur *l'utilité des arts et des sciences dans un état*. Les encouragemens prodigués aux artistes par les rois de France, Charlemagne, Louis IX ou *saint Louis*, François Ier, Louis XIV, et dans des temps plus rapprochés, furent si avantageux aux progrès des arts, que le *dixième*, le *treizième*, le *seizième*, le *dix-septième* et le *dix-huitième* siècles font époque dans l'histoire des Monumens Français. Il n'y a donc aucun doute que l'indifférence ou l'amour du chef du gouvernement pour les arts, n'influe sur leurs progrès ou sur leur décadence; c'est ce que nous avons examiné dans les volumes précédens; c'est ce que nous allons continuer.

§ Ier. *Des Celtes.*

Sous le nom de *Celtes,* on a anciennement compris les peuples de la Gaule, de la Germanie, des Iles Britanniques, même les Espagnols et les Illiriens. Ce titre fut ensuite restreint aux Gaulois seuls. Les mœurs de ces peuples différaient peu entr'elles; il y avait assez d'affinité dans le langage, et celui des Gaulois et des habitans des Iles Britanniques était le même.

Les Celtes, guerriers par nécessité, barbares par suite de leur éducation, n'avaient aucune idée des arts; habitués à une vie sauvage, ils se retiraient par hordes dans des huttes grossièrement façonnées en terre. Soumis au gouvernement de leurs prêtres, les Celtes dressaient, au milieu d'un champ ou d'une forêt, des pierres brutes en forme d'autels, et ils célébraient ainsi les mystères de leur religion (1). Le monument gigantesque de Carnac, élevé au bord de la mer, celui connu sous le nom de *Roche aux-Fées*, et le fameux dolmen de Lock Maria-Ker, sont les monumens les plus extraordinaires de la Bretagne qui nous soient restés des Celtes, sans que l'on n'ait jamais pu déterminer le motif de leur érection. Les dolmens, les peulvans, les pierres branlantes ou tournantes, sont en général les monumens celtiques les plus communs; il y en a une assez grande quantité dans quelques départemens de la France. Outre ces monumens singuliers, les Celtes avaient des autels qui servaient à des sacrifices; ces autels sont connus sous le nom *d'autels tauroboliques* et *crioboliques;* on y sacrifiait des taureaux et des beliers. Quand on voit des peulvans de plus de cent pieds de haut, d'une seule masse de pierre, s'élever dans les airs, on est émerveillé des moyens que l'on a dû employer pour les dresser sur une base fort étroite, et on ne doute plus de la connaissance des Celtes dans les arts mécaniques (2).

---

(1) *Voyez* tome Ier, page 109 et suivantes, ce que j'ai dit des œurs et des usages des *Celtes* et des *Gaulois*.

(2) Pour plus de renseignemens, *voyez* les ouvrages suivans : *Mémoires de l'Académie celtique*, tomes Ier, II, III et IV, et

Monumens Celtiques.

Peulvans et dolmens. (Planche 216).

Fig. 1. *Peulvan*, fiché en terre sur sa base. Ce monument, d'un seul bloc, s'élève majestueusement dans les airs, et se voit près du domaine de Grabusson, à sept lieues de Rennes : il porte environ dix pieds de haut sur vingt pouces de diamètre.

On appelle généralement *peulvans*, *menhir*, *pierre levées* ou *pierres fichées*, et par abréviation *fiche*, les monumens d'un seul morceau de granit, de grès ou de pierre, sans base et dressé isolément, comme les obélisques égyptiens. Ils diffèrent quelquefois des obélisques égyptiens, en ce qu'on en voit qui sont plus étroits vers la base qu'à la partie supérieure.

Les *dolmens* sont fermés ou à jour. Les dolmens fermés ressemblent à un autel, les autres à une table. La partie supérieure de ces monumens, fermés ou non fermés, est toujours d'un seul morceau, quoique considérable; elle repose sur plusieurs bases de pierre brute et informe. Le nombre des bases sur lesquels le dolmen s'appuie, n'est point fixé. On en voit qui

---

Mémoires de la Société royale des Antiquaires de France, tomes Ier et II.

Recherches historiques sur la Bretagne; par M. le chevalier Maudet de Penhouet, 1 vol.

Recueil d'Antiquités dans les Gaules; par la Sauvagère. Il donne une carte du pays des Venettes, le plan et l'élévation du monument de Carnac.

Caylus, *Antiquités*, tome VI, pages 381 et suivantes.

La Tour d'Auvergne, notes sur les pierres de Carnac, dans ses *Origines gauloises*.

Pommereuil, *Dictionnaire* de M. Ogée, au mot *Carnac*; Penhouet, *Essai sur les Armoricains*.

reposent sur quatre pierres, sur trois, et même sur sept.

Fig. 2. Le dolmen que nous avons fait graver est situé à la Ferté-Frenel, à trois lieues de l'Aigle, département de l'Orne. Cette pierre, d'une dimension extraordinaire, est appelée dans le pays *pierre de coupette*, ou *la pierre accoupetée :* on dit que, dans l'origine, elle était portée par sept piliers, dont il ne reste plus que trois et le débris du quatrième, comme on le voit sur la gravure (1).

Les uns considèrent les dolmens comme des autels sur lesquels on faisait des sacrifices humains; d'autres prétendent que ce sont des tombeaux. Cette dernière proposition nous paraît d'autant plus admissible, qu'à la suite des fouilles faites sous des monumens de la même espèce, on a découvert des ossemens et des objets propres à caractériser une sépulture, ce qui a fait dire que l'on enterrait, sous l'autel même, les victimes après les avoir sacrifiées.

Il y a d'autres pierres du même genre; elles sont carrées long ou circulaires, et posées en équilibre sur une seule base et terminée en pointe; on appelle

---

(1) Dans la forêt de Bellême, dite de la *Herse*, département de l'Orne, sur la route de Mortagne, on voit des pierres et une fontaine dont les eaux sont thermales.

Voici les inscriptions qui sont gravées sur ces pierres. Sur la première on lit : *Aphrodisium*, et sur la seconde, *Diis infer. Veneri, Marti et Mercurio sacrum.*

M. Johanneau prétend que le mot HERSE est pour *Harse*, qui veut dire *barrière, borne*. Il ajoute qu'en celtique HARSE veut dire *borne-barrière*, et que c'est pour cela qu'on appelle *Herse* une barrière qui se place à l'entrée des forts et des forteresses.

les pierres de cette espèce : *Pierres tournantes* ou *branlantes ;* en effet, elles sont tellement d'aplomb sur leur axe, qu'il suffit de les toucher pour les faire mouvoir (1). En général, on débite les comptes les plus absurdes sur ces espèces de monumens, et les gens de la campagne les considèrent encore aujourd'hui comme l'ouvrage des fées, des géans ou des malins esprits (2).

CHAPITRE II.

Monumens Gallo-Romains.

Les Gaulois, s'étant répandus sur les autres continens, à leur retour dans les Gaules apportèrent le culte et les usages des peuples qu'ils avaient visités. En passant en Asie, ils s'approprièrent non-seulement une partie des divinités de l'Égypte et de la Grèce, mais encore ils introduisirent dans leur état domestique une infinité d'usages particuliers, qu'ils reçurent des nations avec lesquelles ils commerçaient.

Si Tite-Live, Gaulois d'origine, dans son histoire se plaît à dénigrer les Gaulois, si

(1) *Voir* CAMBRY, *Monumens celtiques*, description des planches, pages 7 et suivantes, toutes les espèces de monumens celtiques.

(2) *Voyez* le même ouvrage de Cambry, pages 2 et 3.

Voyez également les Mémoires de l'Académie celtique, où sont rapportées toutes les croyances populaires.

Polybe lui-même, animé d'un sentiment national, veut en ternir la valeur guerrière; si d'autres, enfin, les qualifient d'hommes féroces, de barbares accoutumés à boire dans des crânes humains, il ne faudrait pas cependant en conclure que c'était un peuple sans moralité et sans aucune civilisation. On pourrait citer des faits qui prouveraient le contraire jusqu'à l'évidence, si le câdre que nous nous sommes prescrit ne se bornait pas uniquement à la connaissance des arts.

Caylus a dit (1) : que les Gaulois n'avaient de connaissances acquises, avant d'être subjugués par les Romains, que celles que rapportaient leurs troupes employées au service des nations étrangères; que les Gaulois n'étaient pas commerçans, etc.... L'opinion de Caylus serait fondée s'il entendait parler de l'architecture, de la sculpture ou de la peinture; mais il n'en serait pas ainsi des arts utiles et relatifs à l'industrie. Les récits qui nous sont parvenus de la fameuse bataille navale qui décida du sort de la célèbre ville de Vannes, dont la chute termina la lutte des Romains contre la Celtique occidentale, nous apprennent que les Gaulois avaient des vaisseaux plus considé-

(1) Tome IV de ses *Antiquités*.

rables, mieux faits et beaucoup plus propres à la navigation que ceux dont se servaient les Romains (1). Cela prouve, au moins, qu'ils étaient ingénieurs, bons constructeurs, et qu'ils connaissaient l'art de naviguer (2).

Si les Gaulois avaient des vaisseaux de guerre, s'ils étaient bons marins, on leur accorde aussi l'invention de la charrue à deux roues (3) et du crible (4); l'art de fixer des fleurs sur les étoffes (5), de feutrer des habits (6), de faire le verre le plus pur et de la plus grande transparence (7), ce qui est prouvé par la grande quantité d'urnes cinéraires que l'on découvre dans les départemens de la France (8). Ils fabriquaient aussi des armes de toute espèce. Ces armes gauloises, fabriquées

---

(1) Cambry, *Monumens celtiques*, page 31.

(2) Voyez *Mémoires de la Société royale des Antiquaires de France*, tome II, page 325.

La savante dissertation sur ce fameux combat, par M. le comte de Grandpré, capitaine de la marine royale, etc.

(3) Pline, liv. XXVIII, chap. XII, considère les Gaulois comme les inventeurs du savon et de la charrue à roue. Livre XVIII, chap. XVIII.

(4) Pline, liv. XVIII, chap. II.

(5) Pline, liv. XIX, chap. II.

(6) Pline, liv. VIII, chap. XLVIII.

(7) Pline, liv. XXX.

(8) J'observe que ces vases ne sont point souflés, mais moulés, ce qui est prouvé par les cannelures dont ils sont ornés, et les cueilles (espèce de creux) que l'on y voit en dessous.

dans les villes de Reims, de Soissons et de Strasbourg, étaient fort estimées, ainsi que les dorures et les cizelures de Reims, d'Arles et de Trèves. On recherchait les flèches de Mâcon, les cuirasses d'Autun, les boucliers, les carquois et les arbalètes de Soissons et les épées d'Amiens (1).

Le séjour des Romains dans les Gaules changea tout à coup la nature des monumens des arts, leur donna un autre caractère, un autre style, et, par conséquent, une autre physionomie. En effet, les arcs de triomphe (2),

---

(1) Voyez *Monumens celtiques*, par Cambry, pages 19, 20 et suivantes.

(2) De toutes les productions de l'architecture, l'arc de triomphe est celle qui se développe avec le plus de grâce; son ensemble élève la pensée; il a quelque chose de grand, de noble et d'imposant. Les arcs de triomphe se composent d'une seule porte, de deux ou de trois, mais plus communément de trois. *Voyez* les portes Saint-Denis, Saint-Martin et l'arc du Carrousel. La porte Saint-Bernard, qui n'existe plus, n'avait que deux ouvertures.

Les arcs de triomphe sont plus ou moins riches, ornés de colonnes, de bas-reliefs, de statues, de biges, de quadriges ou de trophées. Celui d'Orange est un des mieux conservés parmi ceux que j'ai désignés; il sert de porte à la ville d'Orange.

La beauté du lieu où se trouve le monument, qui est tout en marbre, ses trois portes, son élévation majestueuse, la rivière qui coule dans la plaine, tout, en le voyant, inspire la méditation et reporte les idées au temps où Marius tua dans la même plaine environ deux cent mille hommes, tant Cimbres que Teutons; car on croit qu'il fut élevé par les Romains en mémoire de ce les amphithéâtres qu'ils firent construire à Orange, à Saint-Remi, à Nismes, à Marseille, à Arles, à Autun, à Dijon et dans beaucoup d'autres provinces de la Gaule, les temples, les autels et les idoles de marbre ou de bronze qu'ils élevaient à leurs dieux, ainsi que les ustensiles consacrés aux cérémonies religieuses, qu'ils firent exécuter par des artistes et des ouvriers grecs, contribuèrent nécessairement au perfectionnement du goût; car la pratique de l'architecture, de la sculpture, comme celle de la peinture et de la ciselure, était encore dans un véritable état de barbarie.

On n'ignore pas non plus que les Romains ne pratiquaient pas les arts par eux-mêmes; que leurs peintres, leurs sculpteurs, leurs architectes, leurs graveurs en pierres fines, leurs mosaïcistes et leurs ciseleurs étaient des Grecs voyageurs, ou ceux qui avaient suivi, comme esclaves, les armées romaines.

Les lois de Numa défendaient aux Romains la pratique des arts, qui forçaient ceux qui les cultivaient à être toujours assis, comme devant affaiblir l'esprit et le corps; ces arts ne pouvaient être pratiqués que par les esclaves, les

---

grand événement. D'autres disent que son érection est due à la victoire remportée par César sur les Marseillais.

forains ou par des hommes qui couraient de ville en ville.

Cependant, les Phocéens avaient fondé Marseille et quelques autres villes méridionales avant les conquêtes de Jules-César. Les médailles de Marseille qui nous restent, d'un beau travail et d'un dessin pur, sont une preuve que les Phocéens transportèrent les arts dans cette partie de la Gaule. Ce premier pas fait, le goût des arts s'étendit le long des deux rives du Rhône et pénétra jusque dans l'Auvergne; car Pline rapporte qu'un sculpteur, nommé Zénadore, éleva, à Clermont, une statue colossale de Mercure, d'un prix considérable.

Quant à l'étamage des vases, des plats, des bassins et des autres objets en cuivre rouge, dont Pline, comme nous l'avons déjà observé en parlant des vaisseaux à l'usage des Gaulois, leur en attribue l'invention (1); c'était une espèce de *doublé* ou de *plaqué*, dont la fabrication, selon les apparences, était connue des Grecs, puisqu'on découvre, assez souvent, dans les départemens de la France, des monnaies étamées, doublées ou plaquées d'argent, dont le type et le dessin décèlent un travail grec.

(1) Pline, liv. XXXIV, chap XVII.

Nous avons eu dans les mains un de ces plateaux antiques, qu'on avait déterré, il y a environ quarante ans, dans le Bourbonnais, et nous avons remarqué qu'il avait été recouvert, dessus et dessous, d'une feuille d'argent très-mince. Elle n'avait point altéré la finesse des ornemens, ce qui nous autorise à croire que ce plat avait été d'abord fondu, puis recouvert d'une lame d'argent, et ensuite frappé dans une matrice, pour obtenir les bas-reliefs et les ornemens dont il était chargé. Le *plaqué d'argent* est donc un art dont il ne faut pas attribuer l'invention aux Anglais, comme on a pu le faire trop complaisamment, puisque les médailles fourrées sont en effet un espèce de plaqué. Quant au médailles saucées, on les trempait tout simplement dans un amalgame d'argent et de mercure.

Les fabriques de monnaies les plus renommées dans les Gaules sont celles de Marseille. de Trèves, de Soissons et de Lyon. M. Alexandre Laborde, dans son grand ouvrage, en a publié plusieurs dont les types sont assez beaux. On remarque entr'autres celles de Marseille et de Vienne en Dauphiné. Cette dernière, grand bronze, se compose des têtes nues et adossées de Jules-César et d'Auguste, avec l'inscription : IMP. CAESAR. DIVI. F. DIVI. IVLI; au revers une proue de vaisseau. Une pareille médaille a été trouvée dans les fouilles faites au Luxembourg (1). Il est évident que ces médailles ont été composées, dessinées et fabriquées par des artistes grecs (2); car toutes

---

(1) Grivaux, *Antiquités rom. et franç. du Pal. du Senat.*, page 187.

(2) Outre les médailles d'or et d'argent fabriquées dans les Gaules par des Grecs et par des ouvriers gaulois, on faisait aussi circuler des médailles grecques comme celles de la nation; ce que je vais rapporter en est la preuve.

Le 12 septembre 1805, sur les bords de la Seine, à Paris, vis-à-vis la rue des Petits-Augustins, en faisant des fouilles pour l'établissement d'un égout, les ouvriers découvrirent des constructions antiques, parmi lesquelles se trouvèrent une certaine quantité de médailles d'or, pesant deux gros quinze grains, portant d'un côté un buste couronné de laurier, et au revers un bige conduit par une renommée; au dessus, PHILIPPE en caractères grecs.

On connaît plusieurs médailles d'or de Philippe et d'Alexandre, son fils, du plus beau travail grec; on sait aussi qu'il y en a eu d'autres frappées dans les villes de la Gaule, à l'imitation des premières; mais elles contiennent plus ou moins d'alliage, et elles sont, comme on l'a dit plus haut, d'une fabrique plus grossière. On croit que ce qui a pu donner lieu à la fabrique de ces sortes de médailles d'or et d'argent par les Gaulois, c'est que ceux qui revinrent dans la Gaule après leur expédition, sous Brennus, en Macédoine et en Grèce, en rapportèrent des monnaies d'or de Philippe, et qu'ils en firent fabriquer d'autres à l'imitation de celles-là, par des ouvriers qui ne purent alors les imiter que d'une façon qui se ressent tout-à-fait de la rudesse où étaient les arts dans leur pays. Cependant, celles découvertes en ma présence, m'ont paru d'un travail assez beau, et je pense qu'elles sont du nombre de celles qui ont été apportées dans les Gaules après l'expédition de Brennus, et qu'elles ont été mises dans les fonda-

Pl. 217.

. 15.

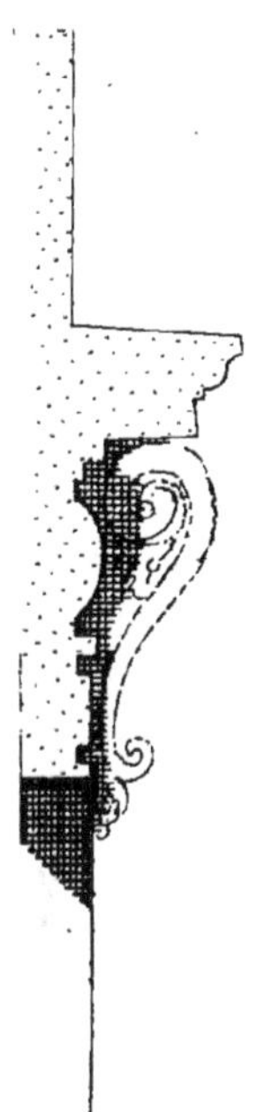

2.

celles de fabrique gauloise sont mal composées, affreusement dessinées et d'une exécution barbare.

Porte du Prytanée d'Ancyre. (Planche 217.)

Le monument dont on voit ici la gravure, est une porte construite sous Auguste, à Ancyre. Suivant Pline, les *Gaulois tectosages*, bâtirent Ancyre, ville de Galatie; et Tournefort, dans son voyage du Levant, tome II, page 447, nous apprend qu'il y avait dans cette ville un prytanée magnifique, richement décoré, dans lequel on donnait encore, sous Auguste, des fêtes et des jeux publics, dont les exercices étaient

---

tions où elles se sont trouvées, comme monnaie courante du pays, suivant un usage fort ancien. Il reste à savoir maintenant si ces pièces d'or ont été mises dans cet endroit pour constater l'époque de l'érection d'un bâtiment qui aurait été construit là, comme je le pense, ou si elles ont été jetées exprès ou roulées par les eaux.

Il paraît démontré qu'il y a eu dans cet endroit un bâtiment quelconque, dont la tradition s'est perdue, puisqu'on y a découvert d'anciens libages, et que l'année dernière, en creusant dans le jardin des Petits-Augustins, pour les fondations du nouvel établissement qui remplace notre *Muséum*, on a trouvé à quinze pieds en terre franche, les restes de deux squelettes humains, un soc de charrue en fer, et des ossemens de bœuf; le tout recouvert d'une grande et forte pierre. Sans vouloir expliquer ce qui n'est plus explicable pour nous, il paraît qu'il y avait là un petit temple votif auprès duquel ont été inhumés ceux qui l'avaient érigé; et notre proposition paraît d'autant plus admissible, qu'il y avait près de là un temple majeur consacré à la déesse Isis; c'est-à-dire, sur l'emplacement qui est occupé aujourd'hui par l'église Saint-Germain-des-Prés.

distingués par des légendes particulières, consacrées sur les médailles de Néron, de Caracalla, de Déce, de Valérien-le-Vieux, de Gallien, etc.; ces légendes étaient *Pythia*, *Asclépia*, *Sotéria*, *Isthmia* (1). Tournefort, dans la description de cet édifice, dont il donne la gravure, ne dit pas que sa construction soit due à des artistes grecs, ce qui est évident, parce qu'on ne peut pas supposer qu'un peuple qui n'élevait que des *peulvans*, des *dolmens*, et qui n'avait que des *pierres* pour autels, ait eu des architectes assez instruits pour construire un palais semblable à celui dont parle Tournefort, et des sculpteurs assez habiles pour décorer et sculpter la porte de cet édifice, telle qu'elle est figurée ici (2).

Cuve antique en porphyre. (Planche 218.)

Cette cuve de porphyre, d'une dimension consi-

---

(1) Dans le *prytanée* établi dans les villes de la Grèce, on y gardait, selon Pausanias, les lois de Solon écrites sur un tableau. Ce lieu était magnifiquement décoré, et renfermait quantité de statues des hommes célèbres : on y entretenait le feu sacré; on y recevait les ambassadeurs étrangers; on y faisait les festins publics dans les grandes fêtes, et les Prytanes étaient chargés de nourrir les citoyens pauvres qui avaient bien servi l'État. Ces Prytanes étaient au nombre de cinquante; leur fonction consistait à convoquer le sénat quand ils le jugeaient convenable, à y présider et à faire en sorte que tout s'y passât dans l'ordre. Un de leurs priviléges était aussi de faire des sacrifices à Jupiter *le conseiller*, et à Minerve *la conseillère*, pour obtenir de ces divinités qu'elles daignassent inspirer les sénateurs.

(2) Si on veut avoir une idée de cette belle porte antique, il suffira de se rendre à la bibliothèque des Quatre-Nations, où je l'ai fait exécuter en marbre, d'après un dessin exact et parfaitement semblable à la gravure qu'en a donné Tournefort.

E:f: Imbard Sculp.

Cuve de Porphire de Metz.

dérable, dont le travail nous a paru dater du Bas-Empire, ornée d'une forte tête de tigre et de deux anneaux, sculptée dans la masse et déterrée à l'entrée de la ville de Metz, où il y avait des thermes, pourrait bien avoir servi de baignoire. On la voit aujourd'hui dans l'église cathédrale de cette ville, où elle est employée comme fonts baptismaux (1).

L'histoire de Metz nous apprend que l'on a découvert dans les environs de cette ville, à dés époques différentes, des monumens, des statues, des autels, des bas-reliefs, des inscriptions et des médailles antiques. Toutes ces découvertes nous autorisent à croire que la ville qui existe aujourd'hui a été bâtie sur les ruines d'une ville plus ancienne. En effet, lorsqu'on a construit les nouvelles fortifications sur les dessins du célèbre Vauban, on a enseveli dans leurs fondations les ruines de plusieurs bâtimens antiques; et les anciennes chroniques de la ville nous apprennent qu'il y avait un superbe amphithéâtre à l'endroit où se trouve maintenant la redoute, et qu'on y découvrit, lorsqu'on en jeta les fondemens, une statue d'argent représentant une diane,

(1) Cette cuve, creusée et sculptée dans une seule masse de porphyre, porte 2 *mètres* 922 *millimètres* de long, 1 *mètre* 569 *millimètres* de large; sa profondeur est de 5,5 *millimètres*, et sa hauteur d'un *mètre* 136 *millimètres*.

un autel en marbre, et un bas-relief représentant Rome victorieuse. Ces mêmes chroniques ajoutent qu'il y avait, dans les environs de cette place, des thermes qui étaient décorés de plus de deux cents colonnes de granit. C'est là qu'on a découvert la belle cuve de porphyre que l'on voit ici, dont la forme, le style et le travail grossier de la sculpture nous paraîssent remonter à l'époque des autels parisiens, dont nous avons parlé dans le tome Ier, page 109 et suivantes.

On a aussi détruit, pour l'établissement des fortifications, une ancienne naumachie très-considérable qui existait dans les environs des thermes. C'était pour conduire les eaux des belles fontaines de Gorze, dans cette naumachie, que fut construit le fameux acqueduc de Joux. Les arches du pont par lequel cet acqueduc communiquait d'une colline à l'autre, subsistent encore en partie dans une étendue de mille quatre-vingt-onze myriamètres au travers du vallon de la Moselle (1).

C'est une chose merveilleuse à voir que la construction du réservoir de l'acqueduc et des canaux souterrains, dont ce qui en reste

(1) Montfaucon. *Antiquité expliquée*, tom. IV, part. II, pag. 21.

est considérable. L'acqueduc, formé par des arcades en ceintre parfait, par des arcades plein ceintre, s'élève à une hauteur prodigieuse. Il est bâti à la manière des Romains, c'est-à-dire, avec des pierres de petite proportion, tellement bien maçonnées et cimentées, qu'elles ont résisté et résistent encore aux glaces, et aux injures du temps (1).

On fixe à la fin de l'an 1552, à la suite du siége de Metz, par l'empereur Charles-Quint, les premières atteintes portées aux plus beaux monumens de l'antiquité, que possédait le pays messin, quoi qu'il eût déjà considérablement souffert des incursions précédentes, que les Allemands, les Huns et les Normands y avaient faites à différentes époques. On affirme encore aujourd'hui dans la ville de Metz, que les ruines des monumens de l'opulence des anciens habitans, ont généralement servi à la

---

(1) Le service des aqueducs et des ponts est trop connu pour en parler particulièrement ; je dirai seulement que c'est en architecture une des inventions la plus utile comme la plus remarquable.

Il n'y a aucun doute que l'on a commencé par faire les ponts en bois, en jetant simplement des madriers d'une rive à l'autre, et que ce n'est qu'à l'aide des sciences et particulièrement des mathématiques, qu'on est parvenu à les construire en pierre. Ainsi, un pont de pierre de tel genre qu'il soit, annonce toujours un avancement dans l'art de construire.

construction des remparts que nous voyons, et que la majeure partie de ces richesses antiques est ensevelie dans les terres qui forment la redoute, comme nous l'avons dit plus haut. C'est ainsi que les malheurs inévitables de la guerre et des invasions, ont successivement fait disparaître de la terre les monumens des arts et de la gloire des nations et des souverains.

A tous ces beaux monumens qui ont disparu par la force du glaive, ont succédé les monumens du culte chrétien, savoir : cinq vastes abbayes et dix-neuf églises. La révolution moderne en a détruit une partie, qui, sans doute, ne pouvait dédommager que très-faiblement les habitans de Metz, des monumens antiques qu'ils ont perdus. Parmi les abbayes dont nous venons de parler, celle de Saint-Arnould mérite d'être remarquée. On lit dans l'histoire du pays messin, que l'abbaye de Saint-Arnould, recélait les tombeaux de Louis-le-Débonnaire, de la reine Hildegarde, épouse de Charlemagne, ceux de plusieurs de ses enfans, dont on a trouvé les épitaphes dans l'histoire des Evêques.

En 1259, cette église fut restaurée; on y découvrit alors vingt-six autres tombeaux de princes, parmi lesquels on a cru reconnaître ceux de Pepin, d'Héristal, de Zuentibole,

COLONNES DE CASSEL

Monument Gallo-Romain.

roi de Lorraine, ceux des deux Othons, etc. Le 11 septembre 1552, la translation s'en fit solennellement dans l'église des Frères-Prêcheurs, qui, depuis ce temps, appartient à l'abbaye de Saint-Arnould. Cette église, maintenant, sert de manège aux élèves du génie, et lors de cette concession, les monumens dont nous venons de parler n'ont point été respectés.

Colonne de Cassel. (Planche 219.)

Ce monument représente une colonne tronquée, assez semblable à la célèbre colonne de Cussy, que l'on voit dans le département de la Côte-d'Or, à cinq lieues d'Autun, considérée par Saumaise comme un trophée de la victoire remportée par César sur les Helvétiens et les Boiens ; et par M. Prenelle, docteur en médecine, comme ayant été élevée en l'honneur de la victoire remportée par les troupes de Maximien sur les Bagaudes (1).

Celle-ci, comme la première, est montée sur un double piédestal, dont les faces sont ornées d'inscriptions et de figures. Selon les apparences, elle est un hommage public rendu à plusieurs divinités gauloises, dont la principale serait Jupiter. Elle a été découverte le 27 mars 1793, dans les environs de

(1) *Magaz. encyclop.*, années 1805, tom. IV, pag. 324.

Le dessin de ce monument curieux m'a été communiqué par M. Sochot, officier du génie à l'état-major de l'armée ; il était présent lorsqu'on en fit la découverte, et le dessina lui-même sur les lieux.

Cassel, département du Nord, en creusant pour établir de nouvelles fortifications. Les espèces d'écailles de poisson qui couvrent cette colonne, précaution prise pour faciliter l'écoulement des eaux, les dieux Jupiter, Hercule, Mercure, qui y sont sculptés, et les inscriptions en lettres doubles, comme on en voit sur les autels gaulois de l'église Notre-Dame de Paris, suffisent pour en fixer l'érection à la même époque.

Statues de Vercingentorix et de la Vénus de Quinipily. (Planche 220.)

La statue du général gaulois, que nous avons fait graver, fut découverte vers 1774, dans les campagnes de Riom, en Auvergne; elle est en pierre fort tendre et d'un travail assez semblable à celui des autels de Notre-Dame. Cette figure, vêtue d'une longue tunique, chargée d'un large sabre qui est suspendu à sa ceinture, ayant la tête couverte d'un bonnet élevé, assez semblable au bonnet des Daces, et dont le poil est retenu par un ruban qui tourne autour, passe pour être l'image de Vercingentorix, qui défendit longtemps l'Auvergne des prétentions de César; mais rien n'autorise l'opinion que l'on a de cette statue curieuse et même intéressante par son vêtement, qui conserve encore les traces des couleurs et des dorures dont on l'avait ornée.

L'autre statue, en granit, ressemblant à une Isis, mais que l'on croit être une Vénus, a été décrite, par le général Thévenard, sous le titre de *Vénus armoriquaine*. La gravure que l'on voit ici, a été faite d'après un dessin que M. Gilbert fils, ingénieur-constructeur de la marine, a envoyé à l'académie

Statues Gauloises.

1. Vercingentorix.
2. Venus de Guénipili

des antiquaires de France, avec cette note. -- On sait, par tradition, dans le pays (Quinipily) (1), qu'il y avait à Castelnoëc un temple consacré à *Vénus victorieuse;* après la conquête des Gaules, par Jules-César, la Vénus de Quinipily fut tirée de là, avec une grande cuve en granit, et on voit encore les trois lettres IIT, qui sont gravées sur le front de la déesse.

S'il était permis d'avoir une opinion sur une statue que l'on n'a pas examinée soi-même, on dirait que les caractères qu'on lit sur le front de cette statue, que l'on peut prendre pour une Isis, et l'espèce d'étole qu'elle porte sur ses épaules, ce qui caractérise une fonction religieuse, autorisent à croire que la statue dont il s'agit n'est point la représentation de Vénus, mais celle de *Diane-Lucine*, que l'on confondait avec Isis. Elle serait donc représentée ici comme déesse protectrice des accouchemens, et le mot IIT, qui est gravé sur son front, et qu'on croit être lu ainsi pour ITE, est la représentation de la réponse consolante que la déesse faisait aux femmes qui venaient lui rendre hommage et la prier de leur être favorable dans la délivrance de leur fruit; ITE, disait-elle, *allez en paix.*

En 1696, le comte de Lannion, gouverneur des villes de Vannes et d'Auray, en fit l'acquisition, la fit placer dans la cour de son château, sur un piédestal en forme de fontaine, dont l'eau coulait dans la cuve, qui, suivant la tradition du pays, n'a jamais été séparée de la statue. Ce nouveau propriétaire fit graver des inscriptions, qui annoncent que son érec-

(1) Le château de Quinipily est situé près la petite ville de Baud, département du Morbihan.

tion fut le résultat d'un vœu de Jules-César. Elles sont rapportées en entier dans un ouvrage de M. le chevalier de Penhoët, intitulé : *Antiquités du Morbihan.*

Enfin, cette statue, que l'on appelle communément *la Vénus victorieuse de Quinipily*, et le peuple breton *Groa-Hoarne*, qui veut dire *vieille*, ressemble à une figure égyptienne : aussi quelques auteurs, qui ont écrit sur les antiquités de la Bretagne, ont cru reconnaître Isis dans cette statue, et ils ont pensé, par suite de cette conjecture, qu'ils pouvaient donner à la cuve, qui est au bas du piédestal, le titre de *tombeau d'Osiris.* C'est une opinion que nous ne pouvons admettre. Quoi qu'il en soit, elle est révérée dans le pays, on lui attribue toutes sortes de vertus; on dit même qu'elle fait des miracles, et que, pour guérir d'une maladie quelconque, il suffit de se plonger dans l'eau que contient la baignoire.

Hercule gaulois. (Planche 221.)

Cette figure, en granit rouge, grossièrement travaillée, est très-remarquable par son volume et par sa matière. On y reconnaît tous les caractères de l'*Hercule gaulois.* Ce dieu est en repos, posé debout, ayant les jambes écartées; il est conformé de manière à représenter la plus grande force. D'une main il tient sa massue, et de l'autre un tableau carré, sur lequel sont gravés des caractères romains que le temps a usés. (*Voyez* l'explication que nous avons donnée de cette statue, tome V, page 214 et 215.) (1).

(1) Nous en avons donné la gravure, mais nous avons cru devoir la répéter dans un format plus grand.

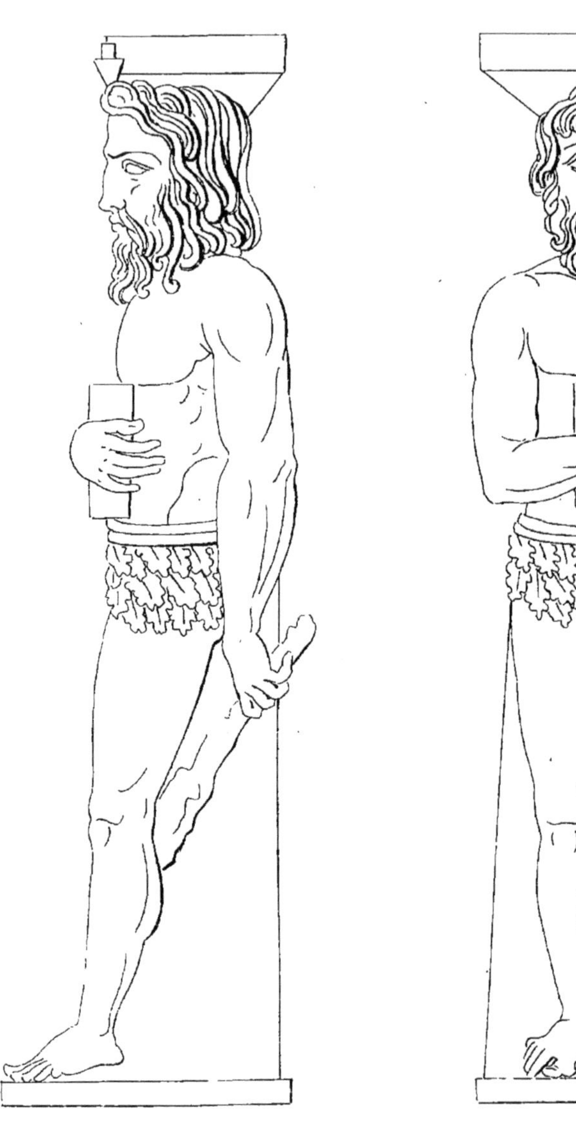

Hercule gaulois.

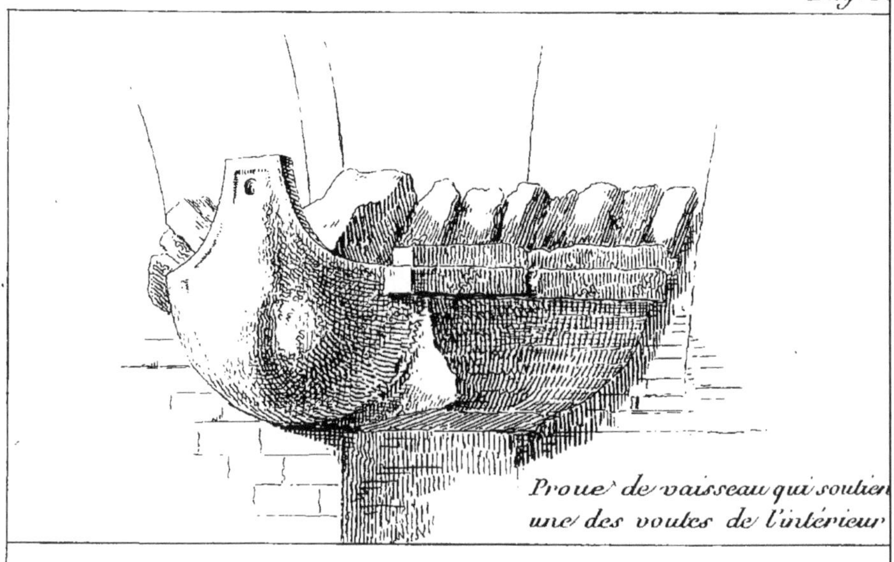

Proue de vaisseau qui soutien
une des voutes de l'intérieur

Normand fils Sc

Vue extérieure du Palais des Thermes.

La statue de Quinipily et celle-ci, suffiraient pour faire connaître combien, chez les Gaulois, l'art de sculpter la pierre, le granit ou toute autre matière, a dû être imparfait. Ce peuple belliqueux, par goût et par besoin, a dû nécessairement préférer la guerre aux baux-arts. On ne doit donc pas s'étonner si les deux monumens dont il s'agit présentent de grandes imperfections. Les arts, dans leur naissance, montrent peu de correction, l'artiste tâtonne, il ne sait encore que chercher des formes. La dureté de la matière a été un obstacle de plus à vaincre pour le sculpteur.

Les Thermes. (Planche 222.)

La ville de Paris renferme des monumens antiques qui attestent la présence des Romains dans ses murs; et l'on sait que l'empereur Julien a habité, pendant quelques temps, un palais où les rois de la première et de la seconde races ont également demeuré. Ce qui reste de ce monument antique, connu sous le nom de *Palais des Thermes,* était enclavé dans une maison rue de la Harpe, près celle des Mathurins. Ce n'était point un palais mais les bains d'un palais considérable. Le roi a ordonné la restauration de cet édifice. Et déjà, en exécution de sa volonté, les maisons qui l'enveloppaient ont été démolies, et le monument est dégagé (1) de tout ce qui l'obstruait.

Paris, alors renommé par son commerce sur la Seine, par la culture de la vigne et par celle des figuiers, qui se faisaient dans les environs, n'occupait qu'une petite île, ce qui est confirmé par ce qu'en dit l'empereur Julien qui l'appelait sa *chère Lutèce : les Parisiens,* dit-il, *habitent une île et ils ne peuvent avoir d'autre eau que celle de la Seine.* D'ailleurs, dans le Traité de police, livre Ier, titre V, on lit ce qui suit : « Les Parisiens, assiégés par Labienus, mirent le feu à leur ville et en sortirent pour combattre leur ennemi. C'était l'usage ordinaire des Gaulois. Ils furent battus eux-mêmes et leur ville fut prise. Les Romains n'y trouvèrent que les tristes restes de l'incendie. Ils la rebâtirent plus régulière, l'embellirent d'un palais et la fortifièrent de murs, de tours et de deux châteaux au bout de chaque pont (2).

---

(1) Le Roi, par une ordonnance spéciale, a nommé des commissaires pour surveiller cette restauration, et Sa Majesté a daigné me comprendre dans cette nomination.

(2) Le palais bâti par les Romains dont il est question, est, selon les apparences, le même que nous appelons encore aujourd'hui le *Palais*, qui a été rétabli sur les fondemens de l'ancien. Les deux châteaux au bout de chaque pont, dont parle le Traité

Il est constant que les bâtimens des Thermes étaient hors Paris, qu'ils occupaient la montagne Sainte-Geneviève et tout le quartier, en descendant, jusqu'à la rivière.

Ce que l'on appelle aujourd'hui le palais des Thermes, dont nous donnons la vue intérieure, est un reste de l'ancien palais où les rois de la première et de la seconde races faisaient leur résidence ordinaire, aussi l'appelait-on le *vieux palais* sous la troisième race, et Hugues Capet fut le premier qui fixa sa demeure au palais des comptes, de Paris, qui est aujourd'hui le Palais de Justice, restauré dans la suite par Louis-le-Gros ; et on lit, dans les anciennes chroniques, que l'on y rendait la justice sous le règne de son fils Louis VII. Saint Louis le nomma le *grand palais ;* il y fit faire des réparations considérables, et l'augmenta de la pièce qu'on appelle encore la *salle de saint Louis ;* on y voyait les statues des rois de France, depuis Clovis jusqu'au prince régnant (1).

Pendant son séjour à Paris l'empereur Julien demeura, dit-on, dans le bâtiment des Thermes; s'il en est ainsi, cela recule singulièrement l'époque de la construction de cet édifice, puisque Julien était à Paris l'an 360, et que Pharamond ne monta au trône

---

de Police, sont le Grand et le Petit-Châtelet que l'on a démolis depuis quelques années.

(1) C'était là, suivant les vieilles chroniques, que les rois recevaient les ambassadeurs; qu'ils donnaient des festins publics, et que l'on faisait les noces des enfans de France. Le 7 mars 1618, un incendie réduisit en cendres une grande partie des vieux bâtimens.

que l'an 428. Selon toute apparence, le palais, dont il ne reste plus aujourd'hui que les bains, s'étendait sur la presque totalité du quartier, c'est-à-dire, qu'il aurait couvert une partie des rues de la Harpe, des rues environnantes, et la totalité de la montagne Sainte-Geneviève. En effet, le séjour que Julien fit à Paris, et qu'y firent après lui Valentinien et Gratien, a donné lieu de croire que cette ville avait tout ce qui convenait à la cour comme à la dignité d'un empereur; un palais, des thermes ou bains, un Champ-de-Mars pour les exercices des soldats, avec des arènes, un cirque et un amphithéâtre. D'après un titre, daté de 1284, il paraît que l'amphithéâtre aurait été situé à peu près où se trouve la Doctrine chrétienne, rue des Fossés-Saint-Victor, où l'on voit encore d'anciens murs, et, suivant les anciens plans de Paris, les clos Mouffetard et de Sainte-Geneviève. Avant que le quartier ne fût bâti, il y avait là un clos de vigne, que l'on appelait alors le *clos des arènes.* Quant au cirque, on n'en fixe point la place; il est certain qu'il y en avait un à Paris, car Grégoire de Tours rapporte que Chilpéric, petit-fils de Clovis, donna aux habitans de Paris le spectacle des jeux du cirque. (Sauval, *hist. liv.* 5, *ch.* 18, etc.)

Ce fut à Paris que Julien, qui n'était encore que César, reçut le nom d'Auguste, c'est-à-dire qu'il fut proclamé empereur, l'an 390, par les capitaines et les soldats de son armée; *titre qu'il accepta malgré lui,* dit Ammien Marcellin, *mais qu'il retint ensuite malgré l'empereur.* (Amm. Marcell. *lib.* 19.)

Grégoire de Tours nous dit que Clovis fit construire l'église saint Pierre et saint Paul (appelée depuis *sainte Geneviève*), près de son palais, qui occupait les hauteurs du mont *Locutitius*. C'est là que ce prince se montra aux regards des grands de son empire, avec les ornemens de *patrice*, de *consul* et d'*Auguste*, qu'il avait reçus d'Anastase, empereur d'Orient (1). Nous pensons donc que le bâtiment des Thermes est une dépendance du palais de Clovis; d'ailleurs, le même Grégoire de Tours nous apprend que l'immense palais des rois était entouré d'un parc dans lequel il y avait un canal qui descendait jusqu'à la rivière de Seine, et dont les eaux venaient du village d'Arcueil.

En 1544, comme on faisait des fouilles près la porte Saint-Jacques, à l'effet d'établir une espèce de redoute, pour s'opposer aux projets de Charles-Quint, qui descendait avec une armée le long de la Marne, on découvrit des canaux en ciment, que l'on présuma avoir servi de conduite aux eaux d'Arcueil, pour le service du palais et des bains. Il y a quelques années, en faisant des réparations dans une maison de la rue du Plâtre Saint-Jacques, on trouva, dans la direction des Thermes, les restes d'un petit acqueduc dont l'extrémité se dirigeait dans le sens de la rivière. Ces découvertes, faites à plusieurs époques, se rapportent avec les plans qu'on a levés et les fouilles que nous avons fait faire pour mettre à nu toutes les anciennès constructions. On a découvert des conduites d'eau, dirigées dans le même sens, voûtées,

---

(1) *Voyez* tom. 1er, pag. 183.

On voyait encore les restes de ces anciens palais sous le règne de Charles V; ce qu'il en restait fut abattu pour agrandir l'abbaye de Sainte-Geneviève.

faites en pierres, en briques et en tuiles, bien cimentées, ayant de chaque côté des parapets pour faciliter le service du nettoyage. On voit aussi, dans les voûtes, des gouttières ou poteries qui correspondent aux baignoires de la salle; ces gouttières amènent le superflu des caux dans les conduites. Au surplus, les voûtes et les constructions de la cour d'entrée, mises aussi à découvert, prouvent suffisamment qu'il y avait dans cet endroit des bains considérables; ainsi, nous disons qu'il y avait une grande salle à l'usage des chefs de l'état, et des pièces particulières pour les gens du second ordre, pour les serviteurs, et peut-être pour les habitans de la ville de Paris.

On voit encore, à Arcueil, les ruines d'un ancien acqueduc, dont la construction romaine paraît être du temps de celle des Thermes. Nous observerons, à cet égard, que la manière de bâtir des Francs, sous les rois de la première race, était absolument la même que celle des Romains du Bas-Empire.

Dans une charte du treizième siècle, on appelle *palatium Thermarum*, l'antique bâtiment de la rue de la Harpe; c'est donc le nom de palais des Thermes qu'il conviendrait de lui conserver, et non pas celui de *bains de Julien*, qui lui a été donné pas quelques écrivains qui ont prétendu qu'il avait été bâti par cet empereur pendant son séjour à Paris. Ammien Marcellin, qui a écrit la vie de Julien, n'en dit pas un mot, et, certes, si la chose eût été ainsi, il n'aurait pas manqué d'en faire mention. Il est plus naturel de croire que Julien, à son arrivée à Paris, a pris son domicile dans un palais déjà existant, que de supposer qu'il en a fait construire un exprès pour se

Pl.222.

Normand fils sc

loger. Puis, il faudrait dire où il a demeuré pendant la construction de l'édifice, et combien de temps elle a duré; puisqu'on fixe à cinq années, seulement, le séjour de l'empereur dans les Gaules? Ce qu'il y a de certain, c'est qu'il n'est pas resté assez de temps à Paris pour faire construire un palais vaste, pour se loger avec toute sa cour, et pour avoir des bains de la nature de ceux dont il est question ici.

De cé grand et antique palais, il ne reste plus, comme on le voit par la gravure, qu'une salle immense, dont la voûte est fort exhaussée; elle donne une idée de la grandeur du bâtiment, puisqu'elle n'en est qu'une très-petite partie, qui, selon toutes les apparences, était consacrée à l'usage des bains. Plusieurs arceaux, en forme de voûtes, étonnent par la hauteur, par la hardiesse et la solidité de la construction; le talent de l'architecte à part, ils ne sont pas sans intérêt, si on les considère seulement sous le rapport de la maçonnerie; c'est l'ouvrage des hommes de l'art, que les Romains avaient amenés avec eux dans les Gaules; avant leur séjour dans nos contrées, les habitations des Gaulois n'étaient que des cabanes rustiques, faites de pièces de bois et de planches, couvertes de pailles ou de feuillages : telles étaient alors les maisons de Paris.

Ces arcs, construits en petites pierres, sont consolidés par des décharges en briques et en tuiles, qui se répètent de distance en distance. En entrant, à droite, il y a trois grandes niches, très-profondes, qui paraissent avoir contenu des baignoires, comme l'indiquent les conduites qui y aboutissent. En tête du premier pilier, qui reçoit la retombée de gauche de la principale voûte, on voit une proue de vaisseau, assez saillante, et sculptée en relief. Ce vaisseau a des rapports frappans avec les mots *nautæ Parisiaci*, gravés sur l'autel dédié à Jupiter, par les Parisiens, sous le règne de l'empereur Tibère, que nous avons fait graver, et décrit tome Ier, page 112 et suivantes.

Cette découverte importante prouve que le palais et les thermes qui en faisaient partie, ont été bâtis par les ordres et sous les auspices du corps *des commerçans par eau* de la ville de Paris, dont *les armes sont encore un vaisseau, ainsi que nous l'avons déjà observé.* Les murs paraissent avoir été recouverts d'un stuc blanc, et leur solidité est telle que, depuis plusieurs siècles, il existait au dessus de la voûte un jardin planté d'arbres fruitiers et de vignes, sans avoir jamais causé le moindre dommage.

Tombeau en marbre. (Planche 223.)

En 1806, on a découvert à Paris, rue Vivienne, dans la maison de M. le chevalier de Saint-Morys, un petit autel votif en marbre, de dix-huit pouces de haut.

Ce petit monument, d'un excellent goût de dessin, comme on le voit par la gravure, porte tous les caractères de la sculpture grecque, dans ce qui concerne l'ornement; c'est-à-dire que les têtes de béliers, les fruits et les animaux qui en sont les principaux sujets, placés avec adresse sur des parties lisses, ont été finement taillés, puis retouchés avec vigueur, afin d'obtenir des ombres plus fortes, pour faire mieux ressortir les parties destinées à recevoir la lumière. L'inscription dont il est orné indique que le monu-

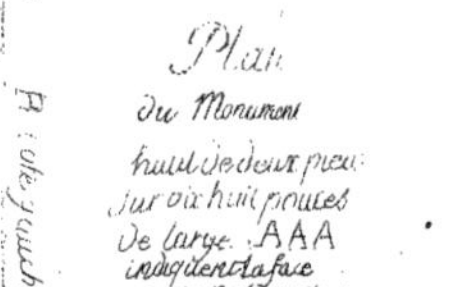

Tombeau Antique trouvé à Paris au mois d'Avril 1805 dans la Maison de Mad.e de S.t Morys rue Vivienne N.° 8 en faisant des démolitions dans l'intérieur de cette Maison

ment avait été érigé à un certain *Junius Epigonus*, qui n'est pas connu dans l'histoire (1). Caylus parle d'un petit monument antique, du genre de celui-ci, également découvert dans la rue Vivienne, en 1751. Nous ajouterons à cette découverte, celle de deux poids romains, en verre, que l'on a trouvés dans les fouilles qui ont été faites pour les fondations de la nouvelle Bourse, rue des Filles-Saint-Thomas, en face de la rue Vivienne. On voit aussi, dans le cabinet des antiques de la bibliothèque du Roi, une belle tête de femme, en bronze, ayant une tour sur la tête, que l'on a trouvée près l'église saint Eustache, en 1675. Nous pensons qu'elle est une image allégorique de la ville de Paris, et l'on sait que les anciens étaient dans l'usage de figurer leurs villes par une belle femme, coiffée d'une tour. S'il en est ainsi, nous en fixerons l'exécution au temps du séjour de l'empereur Julien à Paris, et nous ajouterons qu'elle est l'ouvrage d'un artiste grec.

De toutes ces découvertes, nous concluons donc qu'il y avait anciennement sur ce terrain, qui, suivant le plan de Paris indiqué par César, était boisé, des temples, des chapelles à l'usage du culte, ou bien des maisons plus considérables que les autres,

(1) Ce monument a été retiré d'un ancien mur enclavé dans les fondations de madame de Saint-Morys, où il avait été employé comme moellon. Je le vis au moment même de sa découverte et le fis dessiner. Depuis la mort tragique de mon ami M. de Saint-Morys, il est passé dans le commerce.

qui servaient d'habitations à ceux qui commandaient pour les Romains; car Paris était un poste d'autant plus important pour la sûreté des Gaulois, comme le dit Caylus, que sa situation, sur une rivière navigable, grossie par les eaux de plusieurs autres rivières également commerçantes, a toujours fait un point de réunion pour différentes provinces, et le climat de cette ville en a toujours rendu l'habitation très-agréable.

SECONDE PARTIE.

MONUMENS DU MOYEN AGE.

CHAPITRE PREMIER.

Le luxe, la population, la liberté sont trois circonstances favorables aux arts.

Si nous suivons d'un œil observateur les arts chez les anciens, comme chez les modernes, nous verrons que tous les peuples, selon les degrés du voisinage et des rapports qu'ils ont eus, se sont réciproquement communiqués leurs inventions dans les arts; et nous reconnaîtrons même que souvent les peuples vainqueurs se sont assujétis aux arts des peuples vaincus.

Il n'en est pas de l'architecture comme des autres beaux-arts. La peinture et la sculpture ont pour principe et pour objet l'imitation : l'architecture, fille du besoin, n'a point de type dans la nature. C'est un art créé tout entier par les hommes.

On verra l'architecture, a dit Condorcet,

puiser dans la science d'équilibre et dans la théorie des fluides, les moyens de donner aux voûtes des formes plus commodes et moins dispendieuses, sans craindre d'altérer la solidité des constructions; d'opposer, à l'effet des eaux, une résistance plus sûrement calculée, d'en diriger le cours, de les employer en canaux avec plus d'habilité et plus de succès.

L'antiquité la plus reculée offre des exemples de la réunion de la sculpture à l'architecture, dans l'invention des *Hermès* ou de têtes placées sur des colonnes. Ensuite, dit Winckelmann (*histoire de l'Art,* tome Ier, page 7), on y marqua la différence du sexe et, enfin, Dédale, suivant l'opinion la plus générale, sépara en deux la moitié inférieure de ces colonnes et en forma les jambes d'une statue. Nous allons examiner chacun des arts du dessin en particulier. (*Voyez,* tome Ier, page 143, ce que nous avons dit sur l'origine de l'architecture).

Les Francs ont peu construit, et, comme nous l'avons déjà fait connaître, les monumens des arts que nous possédons des temps antérieurs à la monarchie, sont dus à la magnificence des Romains.

Peinture. — L'origine de la peinture se perd dans la nuit des temps. Si on place la peinture parmi les choses d'agrément, puisque cet art n'a aucun rapport avec ce qui est nécessaire aux besoins de la vie, il sera naturel de penser qu'un homme mieux organisé que les autres a trouvé du charme à posséder l'imitation des merveilles de la nature, comme celle des objets qui plaisent ou qui frappent l'imagination. Nous pourrions proposer différentes versions sur l'origine de la peinture; nous pourrions reproduire la fable que les Grecs nous ont transmise sur ce sujet; mais nous abandonnons ces suppositions peu satisfaisantes; nous nous arrêterons à la vérité et nous dirons: l'origine de la peinture appartient au culte que l'homme doit à la divinité. Ainsi, selon nous, l'homme du premier âge, pour rendre d'une manière visible les impressions dont il était frappé à la vue des merveilles qui l'environnaient, aura essayé de les peindre avant de pouvoir les décrire; il aura imité les formes et le coloris de chaque chose pour en exprimer sa pensée, comme il a gesticulé avant d'articuler un seul mot. Pour rendre hommage à un Dieu créateur, il a peint ou taillé une image à laquelle il a donné, cependant, les formes humaines, parce qu'il n'en connaissait pas de plus belles; il s'est agenouillé devant son propre ouvrage et il l'a porté sur lui comme un préservatif contre toute espèce de maléfice. Voilà l'origine des idoles, des fétiches et des amulettes.

La peinture nous émeut parce qu'elle parle à l'âme et qu'elle frappe les sens. Elle trompe par la magie des couleurs; elle séduit par l'effet et par la puissance du peintre qui figure sur le bois, sur le mur ou sur la toile les êtres animés comme les objets inanimés. Enfin, la peinture agit fortement sur nous, lorsqu'à l'aide d'un génie supérieur ou d'une main habile, elle reproduit à nos yeux les personnages les plus chers, quand ils sont éloignés de nous ou quand ils ne sont plus. On ne connaît point de peintures des premiers Francs.

Sculpture. — Pour modeler, il suffit d'avoir la simple idée d'une chose, a dit l'abbé Winckelmann, dans son histoire de l'Art, et pour dessiner, il faut avoir une infinité d'autres connaissances; il est certain que l'homme, avant d'être un sculpteur parfait, a commencé par fabriquer des modèles en terre, qu'il a fait sécher au soleil ou dans un four, ou par tailler une matière tendre, avec le secours d'un instrument tranchant, comme on voit les enfans tirer une figure d'un marron qu'ils sculptent avec la pointe d'un canif, ou donner une forme humaine à une petite masse de cire qu'ils pétrissent sous leurs doigts : c'est ainsi que les sauvages, sans avoir aucune notion de l'art du dessin, sculptent eux-mêmes leurs fétiches. Si la sculpture présente, dans le principe, moins de difficultés que la peinture pour l'imitation d'un homme, d'un animal ou d'une plante, il n'en est pas moins vrai que le sculpteur n'arrive à la perfection de l'art, que par une étude sérieuse de la nature et par une suite d'observations longuement méditées.

La sculpture des Francs est informe et grossière, elle a quelque chose de rude et de sauvage ; et si on connaît des bas-reliefs ou des figures de leur religion, qui présentent quelques perfections, il n'y a aucun doute qu'ils sont l'ouvrage des sculpteurs grecs qui avaient suivi les armées romaines dans les Gaules.

§ Ier. — L'origine des arts est par-tout la même. Chez les Egyptiens, chez les Grecs, comme chez les peuples modernes, la sculpture a commencé par une extrême simplicité ; et les auteurs nous font connaître qu'avant les premiers essais dans l'art de façonner la pierre, le marbre ou les métaux, on a élevé, en l'honneur des dieux, des colonnes brutes et des cubes, selon l'ancienne coutume des Arabes ; et que ce ne fut que long-temps après cette première invention, que l'on imagina de placer une masse ronde au dessus de ces monumens, pour figurer une tête; et, qu'ensuite, on traça, vers le milieu de ces colonnes, un signe particulier pour désigner le sexe de la divinité à laquelle on avait érigé le monument: telles étaient les trente pierres élevées en Arcadie, dont parle Pausanias. Suivant OEthlius, auteur fort ancien, la statue de Junon, à Samos, n'était qu'un morceau de bois brut, qui fut, dans la suite, façonné en statue.

Que de siècles se sont écoulés entre l'exécution de ces essais de l'art, construits par la dévotion des anciens arabes, et l'érection des monumens les plus imposans et les plus somptueux de l'Egypte et de la Grèce! Il serait trop long de retracer ici les divers degrés par lesquels les arts ont successivement passé chez les peuples de l'antiquité, avant d'arriver à l'état de perfection où ils étaient dans la Grèce sous le gouvernement de Périclès; les rappeler serait fatiguer nos lecteurs par des répétitions hors de la matière que nous traitons, et si nous avons hasardé un seul trait relatif aux premiers essais de l'art chez les anciens peuples de l'Asie, c'est parce qu'il nous a paru nécessaire à l'examen que nous allons faire de la sculpture et de l'architecture, sous les rois de France de la première, de la seconde et de la troisième races (1).

CHAPITRE II.

Etat des arts en France sous les rois de la première, de la seconde, et le commencement de la troisième races (2).

PREMIÈRE DYNASTIE. — MOMUMENS DU MOYEN AGE. — PREMIER STYLE.

Architecture. — Nous diviserons l'architecture du moyen âge, en deux styles, comme nous le ferons de la sculpture; c'est-à-dire, en architecture romaine du Bas-Empire, maintenue en France sous le règne de Charlemagne, et désignée par le nom d'*architecture lombarde*, en architecture syrienne, vulgairement connue sous le nom d'*architecture gothique :* genre d'architecture qui a aussi des styles différens. Son usage, en France, commença à la suite des croisades, et son emploi se maintint jusqu'au règne de François Ier.

Sculpture. — Le caractère que porte géné-

(1) *Voyez* tom. 1er, pag. 26 jusqu'à 48, le léger aperçu que nous avons donné de l'Histoire des Arts chez les peuples anciens, comme chez les peuples modernes.

(2) *Voyez* les monumens que j'ai fait graver sur le frontispice ci-joint.

ralement la sculpture chez les peuples qui en font usage, est ordinairement assez prononcé pour reconnaître le peuple auquel elle appartient, ainsi que l'époque où elle a été faite. Si l'on admet l'influence du climat sur la configuration des hommes, et si on reconnaît les nations aux formes extérieures du corps, on verra bientôt que cette influence, en rejaillissant sur les productions du génie, donne à la sculpture un caractère national qui la fait nécessairement distinguer.

Chez quelques nations civilisées, la sculpture a éprouvé des variations dans le style, parce que les déplacemens volontaires ou forcés d'une population quelconque, en changeant ses habitudes et sa manière de voir, la porte naturellement à imiter ce qu'elle a vu chez les autres peuples. Les Egyptiens, forcés par les lois de leur pays à prendre l'état de leur père, et constamment renfermés dans leurs villes, conservèrent toujours le même style dans les productions des arts; et nous voyons encore les Chinois, qui ne voyagent point, donner à leurs magots les formes ridicules qu'ils avaient adoptées dès l'origine de l'art.

L'art du statuaire n'est que l'imitation de l'homme, et l'observation nous fait connaître que le caractère des nations qui couvrent la surface du globe, se modifie sous différentes formes, variées en raison des positions géographiques, et qu'il se peint par la configuration du corps, et par la physionomie des individus.

§ Ier. — *Du style dans les arts du dessin.*

Outre cette première considération, nous dirons : le sculpteur ou le peintre introduira dans son travail le sentiment qui lui appartient; il exprimera sa pensée par un trait fortement prononcé ou faiblement accusé; par un coloris doux ou vigoureux; par une touche agréable ou sévère; il transmettra aux expressions du personnage qu'il aura à peindre ou à sculpter, les affections de son âme, et, par cette fusion involontaire, il produira une statue ou un tableau qui ne sera pas semblable aux productions des autres artistes, quoiqu'ils aient les uns et les autres copié fidèlement la nature. C'est ainsi que, dans les arts du dessin, la façon de voir varie. Elle varie encore selon les mœurs, les habitudes et les usages des différentes époques où se trouve l'artiste qui peint ou qui sculpte. Voilà pourquoi les sculptures et les peintures d'un siècle ne ressemblent point à celles du siècle qui les a précédé, comme elles seront différentes de celui qui succédera. Ces faits, résultant de la nature des choses et de la marche ordinaire dans la pratique des arts, n'importe le motif qui les aura fait naître, doivent se considérer comme les causes principales de ce qu'on appelle *style*.

La variété que nous remarquons encore dans le style de la sculpture, et en général dans les productions des arts dépendant du dessin, vient souvent de la faveur particulière que le chef de l'Etat ou le monarque accordera à un seul artiste. L'influence que l'individu préféré prendra dans le monde, sera d'autant plus nuisible aux progrès de l'art, que les artistes, pressés par la nécessité, pour satisfaire à la faveur et au goût du moment, sacrifieront leurs moyens personnels, et ils s'empresseront d'imiter la manière du peintre ou du sculpteur qu'un caprice ou qu'une intrigue aura mis en vogue (1). Voilà comment les différens styles s'introduisent dans les arts.

La science dans les arts, fondée sur des règles certaines et sur des mesures données, a nécessairement précédé la beauté qui, pour être sentie, veut un long exercice. Les mesures

(1) *Voyez* tom. 1er, pag. 41 et suiv., et tom. 5, pages 16, 22 et 126 jusqu'à 130, ce que j'ai dit sur les causes de la décadence des arts en France.

données, une fois admises, le dessin a dû être correct et plus régulier; mais il n'avait pas encore acquis la perfection, la grâce et l'harmonie dans les formes qui embellissent l'art et constituent la beauté.

Ces observations nous mènent naturellement à dire que l'invention, comme l'exécution des monumens d'architecture et de sculpture, des premières époques de la monarchie française, se ressentent de l'âpreté des mœurs du temps. Le dessin, la principale partie de la sculpture et de la peinture, quoique développé et *grandiose*, est incorrect. S'il s'agit d'une figure humaine, les formes extérieures du corps sont arrondies et sans connaissance aucune de l'anatomie. Si le sujet représenté est couvert d'un vêtement ou d'une draperie, au lieu de suivre les mouvemens des membres, comme dans les grands modèles, les plis sont roides, filés sans grâce et sans goût; malgré cette imperfection, la statue, dans son ensemble, présente un caractère de sévérité et de noblesse qui en impose à la multitude, et qui plaît au connaisseur (1). Il est certain que la sculpture,

(1) *Voyez* les statues que j'ai fait graver de Chilpéric et de Frédégonde, de l'ancien portail de l'église Notre-Dame de Paris, tom. 1er, pag. 170; celles de Clovis et de Clotilde, de l'église

cultivée et suivie dans ce système de composition et d'exécution, se serait perfectionnée si les rois, plus tranquilles sur le trône, eussent conservé les communications amicales et commerciales qu'ils avaient entretenues jusqu'alors avec les empereurs d'Orient; car c'est à ces communications que nous devons la première introduction des arts en France.

Montfaucon et les antiquaires qui ont parlé des monumens du moyen âge, en les divisant en deux classes, les distinguent par les noms de *Mérovingiens* et de *Carlovingiens*. Cette division, si on la reporte uniquement à l'exécution ou à l'art statuaire, n'est pas exacte; car les pièces sculptées qui nous restent des temps de la première et de la seconde races de nos rois, non-seulement sont en petit nombre, mais elles ont entr'elles une ressemblance si parfaite dans le style, dans les formes comme dans l'exécution, que ce n'est qu'à l'aide des connaissances de l'art et d'un examen sévère, qu'on peut les distinguer. Il n'en est pas ainsi des monumens de la troisième race, à dater du règne de Philippe-Auguste, que nous rangeons dans la classe des monumens du second

---

Notre-Dame de Corbeil, tom. 5, pag. 217 et suiv. Ces deux statues sont maintenant à Saint-Denis.

style, tandis que nous plaçons au nombre du premier tous ceux qui ont été faits antérieurement.

§ II. — *Règne de Clovis et des autres rois de la première et de la deuxième races.*

Monumens et arts industriels. — Le sort de la France, encore incertain sous les rois qui la gouvernaient, demeura long-temps sans lois, sans arts et, par conséquent, dans la barbarie, lorsque Clovis Ier fonda la monarchie en la délivrant du joug des Romains. L'introduction, dans toute la France, du christianisme, que Clovis avait embrassé, fut favorable aux arts et fournit aux artistes l'occasion de faire valoir leurs talens. Les anciens temples furent détruits, les idoles des faux dieux renversées, et on éleva, au dieu du premier roi chrétien, des églises; on lui érigea des autels et on sculpta son image. L'église *Notre-Dame-des-Champs* remplaça le temple de Mercure; celle *Saint-Vincent*, aujourd'hui Saint-Germain-des-Prés, celui d'Isis; et les démolitions du temple de *Mars*, qui occupait la butte Montmartre, servirent à la construction d'une chapelle en l'honneur de saint Denis et des autres martyrs ses compagnons.

Clovis, suivant de la Marre et quelques auteurs, occupait à Paris un palais qu'il fit construire près l'église Sainte-Geneviève, dont il avait jeté les premières fondations, en exécution d'un vœu qu'il avait fait lorsqu'il alla combattre Alaric, roi des Visigoths, qu'il tua de sa main. Clovis, étant mort en 511, avant d'avoir achevé la construction de son église, la reine Clotilde, sa femme, la fit terminer; elle l'enrichit de donations considérables et d'ornemens magnifiques; saint Remi, qui avait baptisé le roi, en fit la dédicace sous l'invocation de *saint Pierre* et *saint Paul*. Le roi, qui avait fixé le siége principal de son empire à Paris, fut inhumé dans la sacristie de l'église, ainsi que la reine Clotilde, comme le rapporte Grégoire de Tours (1).

Divers fragmens d'architecture. (Planche 224.)

Les statues de Clovis et de la reine Clotilde, du

(1) La tombe de Clovis fut ornée de son effigie et d'une inscription. *Voyez* tom. 2, pag. 4; mais l'église Sainte-Geneviève ayant été brûlée par les Normands en 857, l'église et le tombeau furent rétablis par le roi Robert. *Voyez* tom. 1er, p. 183, la tombe de Clovis que j'ai fait graver.

Le temple de Saint-Jean, de Poitiers, l'ancien cirque de Soissons, l'église souterraine de Saint-Médard, même ville, bâtis par Clotaire, et les ruines du vieux palais mérovingien de Beauvais, sont plus que suffisans pour faire connaître ce qu'était l'architecture française sous les rois de la première race. *Voyez* les planches 6 et 8 de mon grand *Atlas des Monumens de la France*.

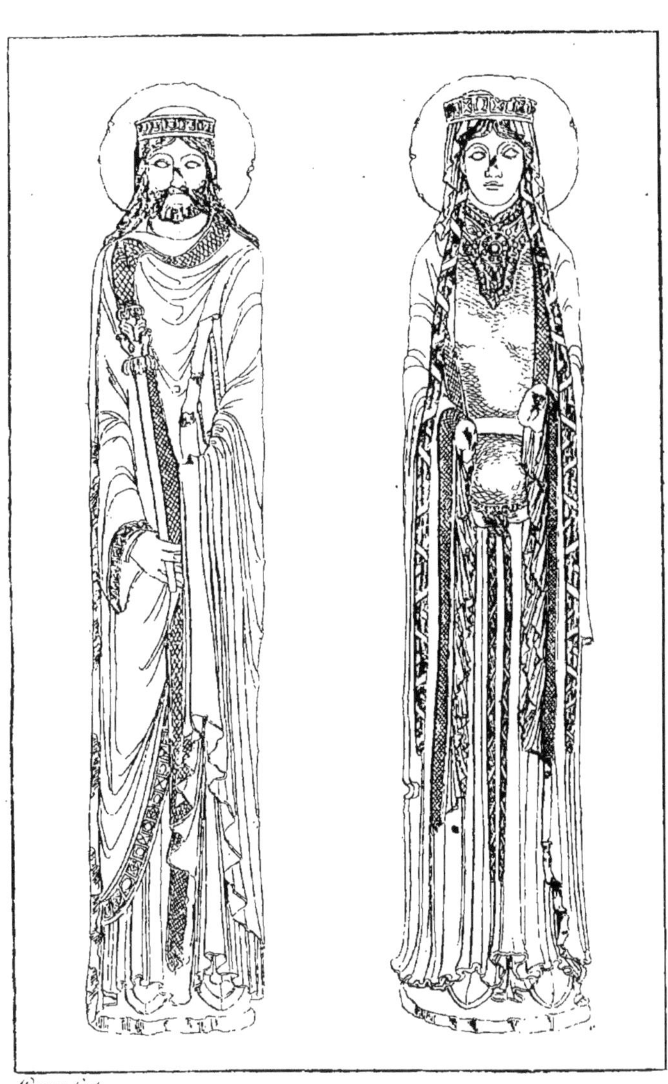

Desnez fecit.

Le Roi Clovis et la Reine Clotilde

(Sculpture française du Sixième Siècle).

portail de l'église de Corbeil ; celle de Frédégonde et de Chilpéric (1), du portail de la cathédrale de Paris, mises au nombre des sculptures mérovingiennes, par Montfaucon, et que nous avons fait graver (tome Ier, page 170 ; et tome V, page 217 et suivantes), ont un caractère vraiment oriental, et elles montrent un genre de sculpture qui confirme ce que nous avons avancé sur l'emploi d'ouvriers grecs, sous les rois de la première et de la seconde races. Enfin, les sculptures, les peintures arabesques, les dorures ou les mosaïques employées à la décoration des anciennes églises de Saint-Denis et de Saint-Germain-des-Prés, dont parle Grégoire de Tours et Félibien; le trône, sans dossier, de nos premiers rois, dont la forme est celle d'une chaise curule, fondue en bronze ciselé et doré, connu sous le nom de *fauteuil du roi Dagobert*, déposé à la bibliothèque du Roi, et gravé, tome Ier, page 167, sont des preuves non équivoques de ce que nous avançons.

Les faces d'autels et de sarcophages, les chapiteaux, le vase, la mosaïque et la statue de Clovis, que nous avons fait graver sur cette planche, sont des autorités de plus qui servent à confirmer notre opinion.

Les chapiteaux en marbre, tirés de l'église souterraine de Sainte-Geneviève, déposés aujourd'hui à Saint-Denis, sans être absolument le chapiteau grec,

(1) On remarquera que Chilpéric est figuré tenant un violon à la main, comme les Grecs représentaient leur *Apollon musagète*, pour exprimer, sans doute, que le roi s'occupait particulièrement de la musique, et en mémoire des hymnes et des chants qu'il avait composés pour les églises.

n'en sont pas moins d'un bon goût et bien exécutés. Les crosses d'évêques et les croix processionnelles, dessinées au côté opposé de la statue de Clovis, donnent aussi l'idée des formes que l'on employait alors à la fabrication de ces sortes d'instrumens. Clovis, considéré comme le fondateur des églises, fut représenté sur chacun des portails, la couronne sur la tête, et tenant un livre à la main, comme on le voit ici. La statue de Childebert, du portail de Saint-Germain-des-Prés, en sa qualité de fondateur, portait aussi un livre. Dans d'autres circonstances, on a figuré l'église elle-même dans la main du roi, ainsi qu'on le voit à la statue du tombeau de Childebert, gravée tome Ier, page 157.

La mosaïque, en pierre creusée, dessinée par différens mastics coloriés, placée en forme de frise, montre un excellent goût; elle a aussi des rapports de style avec les autres pièces de la gravure.

Le devant d'autel et le sarcophage en marbre, que l'on a copiés dans les ruines de Saint-Denis, sont ornés de pampres, de raisins, des lettres grecques *alpha* et *omega*, suivant un usage adopté par les premiers chrétiens.

Dans tous les temps le vin entra dans les cérémonies sacrées, par les offrandes et les libations qu'on en faisait. On l'honorait également chez les Juifs comme chez les Gentils ; et on se rappellera de la vigne d'or qui ornait le temple que le roi Hérode avait fait bâtir. Les chrétiens ne l'ont pas moins respectée dans les premiers temps de leur institution ; c'est ainsi que l'on voit figurer des ceps de vigne et des pampres en reliefs sur le portail de nos anciennes églises, comme sur les tombeaux des saints martyrs et des évêques.

La vigne signifiait le *Seigneur*, et Jésus-Christ lui-même se compara à la vigne sacrée des saints mystères : *Je suis une vraie vigne*, disait-il à ses disciples ; *je suis une vigne, et vous en êtes le bois..... Mon père retranchera tout bois qui ne portera point de fruit en moi.* Souvent à ces attributs on ajoutait du blé, pour désigner l'Eucharistie, ou la *communion sous les deux espèces.* Cet emblême sacré exprimait, si c'était un tombeau, que le défunt était mort dans la communion de l'église ; et cela n'a pas besoin d'explication, si c'était un devant d'autel.

D'après ce que nous avons dit, nous diviserons les monumens dits, du *moyen âge*, en deux classes; c'est-à-dire en *premier* et en *second* style. Le premier qui, à l'examen, fait voir des particularités et des variétés que n'a pas l'autre, et désigné par Montfaucon sous le nom de *Mérovingien* et *Carlovingien*, comprendra depuis le règne de Clovis jusqu'au onzième siècle inclusivement. Le second style, à dater du douzième siècle, se prolonge jusqu'au quatorzième inclusivement; car ce ne fut que vers l'an 1200, sous la régence de Blanche, mère de saint Louis, que les artistes, en général, abandonnèrent dans leur travail le goût et la manière des Grecs modernes; qu'ils adoptèrent des formes plus arrondies, plus coulantes, et qu'ils mirent moins de sévérité dans la peinture, dans la sculpture, comme dans l'orfévrerie.

Ces variétés, dans le style et dans l'exécution des monumens mérovingiens et Carlovingiens, sont faciles à reconnaître, 1° par les figures de Clovis, de Clotilde, de Chilpéric et de Frédégonde; 2° par celles qui faisaient l'ornement des tombeaux de Clovis et de Childebert; les unes et les autres sont gravées, tome V, page 217, et tome Ier, pages 170 et 183. Toutes appartiennent au même style, mais nous considérons les premières comme les plus anciennes, parce que les secondes ont été refaites, selon les apparences, dans le onzième siècle. Ce seul rapprochement peut servir de démonstration.

Nous nous sommes appesantis sur des monumens qui, en apparence, ne présentent d'autre intérêt que celui de l'antiquité et les rapports qu'ils ont avec l'histoire; mais nous avons dû le faire parce qu'ils sont devenus fort rares, et qu'en montrant la richesse des costumes du temps où ils ont été faits, ils fixent le premier style de nos monumens du moyen âge, et, enfin, parce qu'ils sont encore aujourd'hui un motif d'observation pour les amateurs des arts, et de discussion pour une classe d'hommes qui, en se présentant comme des érudits, affectent de récuser les documens que Montfaucon nous a laissés sur ces monumens pour leur en substituer de nouveaux. Ils disent que la France, ayant été dévastée plusieurs fois par les hommes du Nord, il n'existe plus de monumens du moyen âge que l'on puisse citer avant le onzième siècle; et ils voient dans les statues que l'on a particulièrement caractérisées par le *Nimbe* (1), comme dans celles qui ne l'ont pas, le même style, le même goût et le même art. Cette opinion, bonne jusqu'à un certain point, n'est pas complètement admissible; et sans être entièrement de l'avis de Montfaucon, dont le jugement sur les monumens des arts peut être en défaut, nous nous en rapporterons néanmoins à ce qu'il a dit sur les choses qu'il était à même d'approfondir plus qu'un autre.

Les dévastations exercées en France par les Normands sont incontestables; mais ce n'est pas une raison pour en conclure que tous les monumens dont la France était couverte avant les incursions de ces barbares ont disparu. Et

---

(1) *Voyez* tom. V, pag. 218, ce que j'ai dit du *nimbe* qui se voit derrière la tête des statues des rois, des reines et des princes de la première et de la deuxième races.

pourquoi des statues et même des bas-reliefs en pierre n'auraient-ils pas échappé au désastre général, quand nous possédons quelques pièces précieuses en métal, dont on ne peut contester l'authenticité? N'avons-nous pas conservé la majeure partie de nos monumens pendant les destructions révolutionnaires? D'ailleurs, nous avons remarqué que les statues ornées du nimbe, qui, sur les portails des églises, se trouvent mêlées avec celles qui ne l'ont pas, sont d'une pierre qui diffère de celle des autres par la qualité et la couleur; elles sont généralement couvertes d'une espèce de glacis semblable à un poli qui est l'ouvrage du temps.

L'art du statuaire dont il nous reste à parler, est reconnaissable au goût du dessin et au genre de draperies qui forme l'ensemble de la statue. Pour l'œil habitué à voir les monumens, il y a, dans les plus anciennes figures, une expression sévère dans la composition et une pureté de travail qui n'existe pas dans les autres, quoi qu'il y ait une sorte d'analogie dans le style. On pourrait donc attribuer l'imperfection des dernières aux destructions réitérées des Normands, ainsi qu'à la perte de cette tradition antique que nos premiers sculpteurs tenaient des Grecs dont ils avaient été les disciples. Nous sommes autorisés à parler ainsi, d'après les correspondances intimes qui existaient entre Clovis et Anastase empereur d'Orient. Le Roi de France, en rendant les communications plus faciles entre les deux peuples, contribua singulièrement aux progrès des arts. Quelques statuaires et des ouvriers fondeurs, ciseleurs et orféves passèrent en France, où ils laissèrent des ouvrages, et enseignèrent les principes du bon goût qui avaient été méconnus jusqu'alors.

DEUXIÈME DYNASTIE ET COMMENCEMENT DE LA TROISIÈME. (C'est-à-dire que la série des monumens que nous allons décrire comprendra les neuvième, dixième et onzième siècles).

Après le règne de Clovis II, les arts, les lettres et les sciences restèrent dans l'inaction la plus absolue. La France, tourmentée par l'ambition des maires du palais et gouvernée par des princes incapables, cruels, voluptueux ou indolens, aurait infailliblement succombé sous la barbarie des Sarrazins et sous le fer des Saxons, sans la valeur de Charles Martel, qui se mit à la tête des armées. Alors parut la secte ennemie des images (1). Nous passons à l'examen des monumens.

Architecture. — L'architecture, comme tous les arts du dessin, est soumise aux lois qui règlent la destinée des empires. Les évènemens politiques détruisent ou élèvent les arts ; et l'architecture, liée aux besoins de la vie et aux usages domestiques, éprouve, plus que les autres arts, des variations sensibles, en raison des changemens qui s'opèrent pendant la révolution des siècles. (Tome II, pages 3, 4, 5 et 6). Nous avons fait connaître les changemens qui se sont opérés dans l'architecture sous le règne de Charlemagne, par l'amélioration des formes lombardes que l'on rectifia d'après le style et les proportions grecques. L'architecture lombarde nous présente des plans vastes et assez régulièrement distribués ; ses élevations sont simples, composées de grandes lignes, de parties lisses et de cintres parfaits dans sa construction. Cette architecture est remarquable aussi par la pureté et la profusion des ornemens, plus particulière-

(1) *Voyez* tom. Ier, pag. 31, les supplices que l'on fit éprouver aux peintres, pour les empêcher de peindre.

ment employés aux façades des édifices. Le portail de l'église de Cluny, ceux de Saint-Trophime à Arles, et de Saint-Étienne de Beauvais en fournissent des exemples, et pour connaître les décorations extérieures, nous indiquerons ce qui reste de la basilique d'Aix-la-Chapelle, les bas côtés de Saint-Germain-des-Prés et l'église souterraine de Saint-Denis, que nous avons fait graver planche 225.

En 794, on essaya de rétablir en France le culte des images, condamné à Constantinople par les empereurs d'Orient, également proscrit par le second concile de Nicée et si cruellement mis à exécution par les iconoclastes. Suivant l'esprit philosophique de l'antiquité, Dieu ne pouvait être représenté sous une forme humaine. Les Juifs ne reconnaissaient qu'un seul Dieu qu'ils désignent comme un esprit immuable, parfait et présent par-tout; jamais ils ne le représentent sous des formes humaines, comme font les peuples idolâtres; ils croyent que c'est profaner la majesté de Dieu de lui donner la forme d'un homme ou de toute autre créature: Saint Augustin a dit: *ceux qui, les premiers, accoutumèrent les hommes aux images des Dieux, ôtèrent la crainte que l'on doit avoir d'eux, et ils introduisirent une grande erreur.*

Charlemagne ne voulut prendre aucune part à l'innovation que les actes des conciles pouvaient introduire dans le culte de ses États; il en résulta, néanmoins, une grande inaction parmi les artistes. De là, la grande quantité de sculptures dont on ornait le portail des églises; de là, l'invention d'un chapiteau dont l'usage cessa par l'emploi de l'architecture, improprement appelée *gothique*. Les chapiteaux au lieu d'être composés de feuilles d'acanthe ou de toute autre plante, suivant l'usage des anciens, sont formés par des bas-reliefs cylindriques, qui représentent assez ordinairement la vie du fondateur ou celle du patron auquel on a dédié l'église où on les voit. (*Voyez* les chapiteaux de l'église souterraine de Saint-Denis que nous avons fait graver tome Ier, page 217, et tome V, page 224).

Le portail de l'église de Chartres, bâti un siècle après, est une preuve que l'architecture et la sculpture se sont maintenues dans un état de perfection par l'amélioration que ces arts avaient reçue sous le règne de Charlemagne.

(Planche 225.) *Vue perspective de l'ancienne église de Saint-Denis.*

L'origine de l'église royale de Saint-Denis, que nous

Vue de l'Eglise Souterraine de S.t Denis.

devons à la piété et à la munificence de nos rois, date des premiers temps de la monarchie (1).

L'église Saint-Denis, appelée la seconde église, tombait en ruines, lorsque Dagobert, après la mort de Clotaire son père, fit les dépenses convenables pour en construire une nouvelle : c'est ce que disent Doublet et Félibien, qui ont donné une histoire complète de cette illustre abbaye. On conçoit difficilement, à moins de ravages considérables, comment un édifice de la nature de la seconde église, aurait pu tomber en ruines, au bout de cent quarante ans, si elle avait été construite en pierres ; c'est ce qu'ils ne disent pas. Il y a tout lieu de croire qu'elle était en bois, comme la plupart des églises, sous les rois de la première race. Nous sommes autorisés à parler ainsi, d'après l'espèce de fable que Doublet et l'abbé le Bœuf rapportent sur le motif de la fondation de l'abbaye de Saint-Denis, par Dagobert (2).

---

(1) Sainte Geneviève, morte à Paris en 509, passa pour être la première qui ait fait bâtir une chapelle sur le tombeau de saint Denis. Le lieu où était ce tombeau est appelé, par l'auteur de la Vie de sainte Geneviève, *Catholiacencis vicus*, et par d'autres *Catulicum*, devenu depuis ville et abbaye, sous le nom de Saint-Denis. D'autres auteurs ont prétendu que l'ancien nom *Catulicum* donné à la ville de Saint-Denis, lui venait d'une femme nommée Catulle, qui avait recueilli les restes des saints martyrs, sur lesquels elle avait fait construire une espèce de tombeau en forme de chapelle. (*Voyez* tom. Ier, pag. 215.)

(2) Ils disent qu'un jour le jeune prince, encore à la cour du roi Clotaire, son père, et sous la conduite de Sadragésile, duc d'Aquitaine, son gouverneur, étant à la chasse dans une forêt voisine de Saint-Denis, poursuivant un cerf qu'il avait forcé pendant plusieurs jours, et qu'enfin, l'ayant mis aux abois,

La construction de l'église, par Dagobert, ne se fit pas précisément à la place de l'ancienne, mais sur un terrain beaucoup plus spacieux, que le roi fit acheter, et qui se trouvait à mille pas environ. A cette construction il ajouta celle d'une abbaye, qu'il dota considérablement, c mme le prouvent les chartes de sa fondation. L'édifice entièrement terminé, Dagobert partit solennellement de son palais de Clichy, pour en faire la dédicace. Il la consacra à la sépulture des rois de France, et, depuis, cette basilique n'a pas cessé de servir de mausolée à la famille royale. Par une fa-

---

Dieu permit que l'animal se réfugiât dans la chapelle des saints martyrs; que le jeune Dagobert, les princes, les seigneurs, et tous ceux qui formaient le cortège de la chasse, voulant entrer dans la chapelle pour y tuer le cerf, ils en furent vivement repoussés par une puissance invisible, de telle sorte que l'animal fut sauvé de la main des chasseurs. Dagobert, frappé d'étonnement, comprit que Dieu avait une déférence toute particulière pour les reliques de saint Denis et de ses compagnons; il promit, à l'instant même, de bâtir une église du moment où il serait roi, pour les placer plus honorablement.

Je rapporte ceci, pour faire remarquer que Doublet et l'abbé le Bœuf s'accordent à dire que le cerf, poursuivi par Dagobert, se réfugia dans une chapelle. Il n'y avait donc pas encore d'église? Ainsi, je pense que Félibien, dans son *Histoire de saint Denis*, a substitué le mot *église* à celui de *chapelle*.

Doublet ajoute que Dagobert ayant à se plaindre de la conduite de Sadragésile, il le fit châtier rigoureusement, et que lui-même, craignant le ressentiment de son père, auquel Sadragésile se plaignit amèrement de l'affront que lui avait fait son élève, se sauva auprès des reliques des saints martyrs, dans la même chapelle où il avait poursuivi le cerf, et où il resta jusqu'à ce que la colère de son père fût entièrement appaisée, et qu'en reconnaissance il renouvela son vœu.

veur particulière, le roi ordonna que Landragésile ou Laudry, frère de la reine Nanthilde, sa femme, mort vers l'an 631, fut enterré dans *son église;* car il la nommait ainsi.

Par les démolitions qui se sont succédées, et les différentes constructions que l'église Saint-Denis a éprouvées, il est impossible d'avoir une idée de ce qu'elle pouvait être lors de sa fondation par Dagobert; il n'en reste ni plan, ni élévation; il est seulement certain qu'il y avait alors des architectes et des constructeurs.

On parle de sculptures magnifiques et de statues que Dagobert fit faire pour l'embellissement de l'église de Saint-Denis, et quoique Montfaucon en ait publié plusieurs, il ne regarde d'authentique que celle où le roi, enveloppé de sa *chlamyde,* est figuré assis sur son trône. (*Voyez* tome 1er, *Monarchie franç.*) Il fait mention aussi de deux bustes dorés, qui ornaient le premier tombeau qu'on lui avait élevé. Celui qui existe maintenant est du temps de l'abbé Suger, on en parlera plus tard.

On lit encore, dans l'*Histoire de l'abbaye de Saint-Denis,* que le roi Pepin fit reconstruire entièrement l'église, qui ne fut terminée que sous le règne de Charlemagne, qui assista à la bénédiction qu'en fit l'abbé Fulrad, dans le courant de septembre 775. C'est ce qui reste aujourd'hui de l'ancienne église bâtie par Pepin et Charlemagne, dont on voit ici la gravure.

Cette partie, entièrement rebâtie sous les deux princes que l'on vient de nommer, comprend le caveau seulement; les grandes galeries qui tournent autour, les gros piliers, les voûtes circulaires et les chapiteaux sculptés, datent du règne de l'abbé Suger. Depuis Henri IV, cette crypte servait de sépulture à la famille royale des Bourbons, et on en avait bouché l'arcade du fond, qui communiquait avec la galerie extérieure : elle fut ouverte en 1793, pour en extraire les cercueils de plomb qu'elle contenait. Ils étaient rangés en ordre, tels qu'on les a figurés ici; on les a seulement enrichis des statues des rois et de quelques bas-reliefs qui sont dans l'église, pour orner le dessin et le rendre plus agréable à l'œil. Aujourd'hui que cette église souterraine est restituée à son antique et auguste usage, l'arcade est fermée (1).

On remarquera que cette crypte est décorée de petites arcades en plein cintre, selon le goût des Romains du Bas-Empire, soutenues par des colonnes dont les chapiteaux, ornés de bas-reliefs, représentent des sujets pris dans la vie de Pepin et de Charlemagne. D'autres chapiteaux de la même crypte représentent des charriots chargés de bagages, des chars avec leurs conducteurs, et en général tout ce qui comporte un voyage royal. Les saints mystères de la messe et les évangélistes y sont aussi figurés. Ces chapiteaux, que nous avons fait graver (tome Ier, page 217; et tome V, page 224, planche 207 *bis*), sont d'autant plus intéressans qu'ils font voir les costumes, les usages et le style de l'architecture de ces temps reculés,

(1) On trouvera à la fin du tome VIII la relation de ce qui s'est passé lors de la réintégration, dans l'intérieur de l'église, des ossemens des rois que l'on avait extraits de leurs cercueils, en octobre 1793.

Voyez tom. II, *le procès-verbal des exhumations faites à Saint-Denis.*

et l'emploi que l'on en faisait pour les habitations particulières, puisqu'on y voit des maisons, des églises et des espèces de châteaux. On en voit encore quelques-uns dans les galeries environnantes; elles sont libres, et on peut les consulter.

Cette église souterraine est semblable à toutes les cryptes des premières dynasties, et nous en avons vu plusieurs. La voûte est circulaire, assez élevée; les arcades qui la composent sont basses, formées par des cintres parfaitement circulaires; ceci est important; parce que, à l'époque des croisades, les cintres disparurent et furent remplacés par la forme *ogive*. Parmi les colonnes, il s'en trouve de précieuses en marbre antique. Ceux qui faisaient le commerce de l'Orient, les apportaient dans leurs vaisseaux au lieu de lest. Les chapiteaux ne sont d'aucun ordre, mais formés par des bas-reliefs historiques, comme on vient de le voir. Cette crypte, que l'on a vu pendant plusieurs années, à l'époque de la révolution, ne se voit plus depuis qu'elle a été rendue à sa première destination.

Suivant l'ancien plan, que nous avons vérifié sur le terrain même, il y a toute apparence que la galerie circulaire existait du temps de Charlemagne. Mais l'abbé Suger, ayant fait construire au dessus le chevet de son église, en l'établissant sur le même plan, aura été forcé de détruire les petites colonnades qui existaient, et dont il reste encore quelques parties, pour y substituer des piliers assez forts pour supporter l'édifice supérieur; ainsi cette galerie serait une restauration de l'abbé Suger, faite sur ce qui existait; c'est-à-dire, qu'il n'y a eu de refait que ce qui était nécessaire pour supporter l'édifice supérieur ; d'ailleurs, les sept chapelles circulaires qui existent dans cette galerie, se répètent dans la partie supérieure : elles avaient été consacrées à des saints particulièrement affectés à l'église par son auguste fondateur ; donc que l'on a respecté l'ancien plan, et que l'on a bâti dessus l'ancienne construction, en ménageant ce qui existait déjà.

(Planches 226, 227, 228.)

Les chapiteaux dont on voit ici la gravure, couronnent les piliers de la grande galerie qui tourne autour de la crypte ; quelques-uns nous paraissent dater du temps de la première construction, notamment celui qui est au bas de la planche 224 ; il est en marbre grec, et posé sur une colonne de marbre antique ; la forme simple de sa composition, et le genre du travail, nous autorisent à parler ainsi. Quant aux autres, ils pourraient bien avoir été faits dans le onzième siècle, ce qui indiquerait que l'abbé Suger aurait fait restaurer cette galerie en même temps qu'il fit construire l'église qui est au dessus, et que l'on nomme *chevet* (1).

Peinture. — Après une lutte de près d'un siècle et demi, entre les empereurs et les arts, ceux-ci dûrent nécessairement s'anéantir, et la secte, amateur d'images, a dû finir par n'en plus posséder que de très-mauvaises. La pein-

(1) *Voyez* à la fin du tome VIII la suite de l'Histoire de l'Église Saint-Denis.

Chapiteaux de l'Eglise souterraine de St Denis N.º 1.

Chapiteaux de l'Eglise souterraine de S.t Denis, N.o 2.

Chapiteaux de l'Eglise souterraine de S.t Denis, N.º 3.

Chapiteau de l'Abbaye de Poissy.

ture ne fit aucun progrès sous le règne de Charlemagne, et comme nous l'avons déjà remarqué, le culte des images était proscrit (1). Les princes et les seigneurs, peu instruits, ne connaissant que la puissance du glaive; incapables d'apprécier les jouissances que les arts procurent à la société, ils ne faisaient point travailler les artistes. Les monastères servirent d'asile aux Muses: semblables au musée que Ptolémée Philadelphe avait consacré en Egypte, les *cénobites* français y cultivaient les lettres, les sciences et les arts.

Ainsi, nos arts commis, pour ainsi dire, à la garde des religieux, se conservèrent et se cultivèrent dans le silence des cloîtres pendant les guerres, les troubles civils et les irruptions des barbares qui désolèrent la France à plusieurs époques. Ces hommes pieux, fraternellement réunis, se livraient non-seulement à la pratique de la peinture et de la sculpture, mais encore ils s'occupaient des sciences exactes, et l'on vit sortir des monastères des architectes d'autant plus habiles qu'ils étaient bons géomètres (2). Ce fut donc

(1) *Voyez* tom. II, pag. 14, ce que j'ai dit de la proscription des images.

(2) *Voyez* tom. II, pag. 18, les noms de plusieurs architectes habiles sortis des cloîtres.

dans des asiles consacrés à la piété, que l'on entretint l'activité des arts dépendant du dessin. On y sculptait des bijoux, des reliquaires, soit en ivoire, en métal, en bois ou en buis, et l'on y peignait des miniatures dont on enrichissait les manuscrits des savans. Ces miniatures sont délicatement peintes, mais elles pèchent par le dessin et elles sont assez ordinairement mal composées.

Les miniatures commencèrent à devenir belles vers la fin du quatorzième siècle; elles ont été portées à la perfection de 1450 à 1490; celles du seizième siècle sont mieux dessinées; elles montrent plus d'intelligence dans l'art de composer; il y a plus d'entente dans le coloris; mais le fini n'en est pas aussi précieux.

La belle coupole de l'abbaye de Cluny, dont les figures colossales représentent Jésus-Christ assis sur le trône céleste, tenant dans ses mains le livre sacré des évangiles, et placé au milieu des emblêmes de l'apocalypse, que nous avons fait graver, tome II, page 10, est une preuve que la peinture à la fresque était pratiquée en France avec succès dans le neuvième siècle. Ces peintures, nobles par le *grandiose* du style, belles par la richesse du coloris et les rehaussés d'or, que nous avons vus et dessinés avant la destruction de l'édifice, étaient d'une conservation parfaite, les couleurs étaient encore aussi fraîches que si elles sortaient du pinceau de l'artiste (1). Le réfectoire de l'abbaye était aussi décoré de peintures de la même main; elles représentaient les fondateurs du monastère, les histoires de l'ancien et du nouveau testament et le jugement dernier. *Ista domus refectorii habetur gloriosa in picturis*, etc., lit-on dans la chronique de Cluny. (Voyez *biblioth. de Cluny*, années 1640 et 1662). Ces beaux ouvrages rappellent les peintures dont Guillaume, évêque du Mans, orna une de ses chapelles, et dont on a dit qu'elles paraissaient vivantes et qu'elles faisaient illusion. Suivant le témoignage de l'abbé Suger, dans la description qu'il donne de l'abbaye de Saint-Denis, les peintres les plus célèbres de ce temps là seraient Français ou Lorrains, et non pas Grecs comme on pourrait le supposer, car il ne le dit pas. Cependant

(1) *Voyez* tome II, pag. 74 et suiv., ce que j'ai dit de cette antique abbaye, et les démarches que j'ai faites pour conserver aux arts cette riche et belle coupole. *Voyez* également ce que Millin en a dit depuis moi. *Magas. encycl.*, octobre 1811, pag. 360 et 362, et M. Éméric David, *Discours sur la Peinture moderne*; *Musée franç.*, par Robillard, pag. 89.

nous les considérons comme des élèves d'artiste grec, qui seraient venus en France sous les règn s pré édens, parce que leurs productions ont le style, le goût et le coloris de l'école grecque.

Zodiaque, min'ature de la bible de Charles-le-Chauve. (Planche 229.)

La lettre D, que nous avons fait graver d'après une miniature de la Bible de Charles-le-Chauve, conservée à la bibliothèque du Roi, à qui les chanoines de Tours, suivant Montfaucon, en firent hommage, date de 869. Cette lettre est majuscule du mot *Dominus ;* elle se compose d'un zodiaque et renferme, dans son intérieur, deux figures placées dans un cercle, dont une représente Apollon sur son char, et l'autre Diane, également sur un char. Les signes du zodiaque, groupés avec des arabesques qui forment le corps de la lettre, sont : le Taureau, les Gémeaux, le Cancer, le Lion, la Balance, le Scorpion, le Sagittaire, le Capricorne, le Verseau et le Bélier.

Ce zodiaque est remarquable par la place qu'occupent le signe des Poissons et celui de la *Vierge*, au lieu de se trouver à leur case, on les voit dans l'intérieur du D. Près du char d'Apollon on a peint deux poissons, pour exprimer, sans doute, qu'à l'époque où le tableau a été fait, le soleil, à l'équinoxe du printemps, prenait son domicile dans ce signe; et pour désigner son lever, on lui a mis dans la main un flambeau. Au dessous, on a figuré Diane, ou la déesse de la nuit, dans un char tiré par des taureaux; elle tient aussi un

Zodiaque

flambeau, que l'on peut considérer comme le symbole de sa lumière. Diane remplace le signe de la Vierge.

En tête de cette bible curieuse on voit une grande miniature, qui représente le roi assis sur son trône; il tend la main droite au chanoine qui lui présente le livre (1); de l'autre, il tient son sceptre, q i a la forme d'une *hasta* (2). Le dossier du trône est drapé, décoré et brodé à la manière antique, ainsi que le coussin et les autres parties du siège royal. La couronne du roi est d'un dessin singulier, il indique néanmoins qu'elle est fermée; la tunique longue, à manches, et la chlamyde dont il est couvert, sont ornées d'une riche broderie (3). Le jet des draperies est assez remarquable. Sa riche chaussure a quelque rapport avec le *campagus* des anciens (4).

---

(1) Voyez *Monarchie franç.*, par Montfaucon, tom. Ier.

(2) La *hasta*, ou le javelot romain, était en usage dans les Gaules.

(3) Si l'on consulte le manuscrit, on verra que le manteau du roi, qui est retenu sur l'épaule droite par un rubau passé dans une agraffe, paraît être de drap d'or; il est orné d'une broderie rouge, dont le fond est d'or. La tunique est d'un rouge foncé, et les chaussures d'un rouge clair avec des rayures en or.

La couronne est d'or; le sceptre est rouge avec des filets noirs.

Le trône et le marche-pied sont en bois gris, chargés d'ornemens rouges qui se dessinent sur des fonds d'or. Le coussin sur lequel le roi est assis est violet; le dossier du trône est décoré de raies noires et de trèfles en or, rehaussés de rouge pour les détacher du fond; la draperie du dossier est d'une couleur orange.

(4) Le *campagus* était une espèce de semelle à rebord qui couvrait le talon, et il était fixé par des courroies qui s'élevaient jusqu'au milieu de la jambe, en se croisant plusieurs fois

Sculpture. — Avant d'arriver au douzième siècle, époque à laquelle la scupture française éprouva un certain degré d'avancement, nous fixerons l'attention de nos lecteurs sur diverses pièces précieuses faites en ivoire, sur des chapiteaux et des bas-reliefs curieux, comme sur des émaux et des vitraux des *neuvième, dixième* et *onzième* siècles.

La matière la plus ordinairement employée par les sculpteurs français, est la pierre tendre ou dure que l'on tirait de nos carrières; ils se sont également servi du bois, du buis, de l'ivoire, et ils ont aussi jeté quelques morceaux en fonte. Cependant, tout porte à croire que l'on a sculpté le bois avant la pierre où le marbre; parce que, dans un travail de ce genre-là, on préfère toujours l'emploi des matières qui sont sous la main, aux autres; d'ailleurs, le bois présentait naturellement plus de facilité au sculpteur. Le marbre ne fut employé, en France, à l'art statuaire, que vers la fin du treizième siècle.

Les Français, à l'imitation des anciens, ont sculpté le bois, le buis et l'ivoire avec succès.

---

comme on le voit aux statues des empereurs romains, du musée du Roi, des sénateurs qui sont aux Tuileries, etc.

Pl. 230.

Crosse en Ivoire.

La partie supérieure du bâton pastoral de l'abbé Morard, mort en 990, et mentionnée à l'article *tombeau de l'abbé Morard*, tome Ier, page 162; la crosse également en ivoire et le *tau* ou canne en buis et en ivoire, dont le travail et la richesse de la composition sont supérieurs à tout ce que l'on peut voir dans ce genre de sculpture, sont des preuves convaincantes de ce que nous avançons; *voyez* les planches 230 et 231.

Crosse en ivoire. (Planche 230.)

Cette crosse, de la collection des antiquités françaises, de M. le chevalier de Saint-Morys, était celle de Yves de Chartres, abbé de Saint-Quentin, et fondateur des canonicats réguliers de Beauvais, vers le onzième siècle. Elle est d'un seul morceau d'ivoire, de cinq pouces de haut sur quatre et demi de large, figurée sur deux faces, et sa courbure sur trois faces, ce qui montre le monument dans toutes ses parties.

Ce bâton ou *lituus* augural, d'un goût sévère, d'un travail précieux et même recherché, se courbe en volute dans sa partie supérieure, qui se termine par un dragon aîlé. Une espèce de sphinx, à tête d'homme, sert de soutien à la volute, et se lie à un grand oiseau qui se noue au col d'un autre oiseau placé dans la volute. Le travail de ce morceau est d'une grande perfection pour l'époque où il a été fait; il est curieux par son ancienneté et par les costumes qui y sont figurés; écoutons ce qu'en a dit Cambri, dans la description qu'il a donnée du département de l'Oise, dont il était préfet (tome II, page 208). Yves de Chartres, debout, sans barbe (1), couvert d'une dalmatique sans ouvertures pour passer les bras, mais qu'on relevait pour leur donner du jeu, porte une mitre formant un croissant; de la main gauche il tient le *lituus* augural; de la droite, il donne la bénédiction. Près de l'évêque est un acolyte, tenant un rouleau à la main; un autre acolyte est à genoux; on voit derrière lui un sous-diacre portant le livre des évangiles, dont la couverture est ornée de perles et d'une croix grecque. Trois dômes à cintres pleins couvrent le saint et ses assesseurs : on remarque, au sommet des deux parties latérales de ces dômes, deux oiseaux à longues pattes, qui pourraient bien être des cigognes, emblême de la piété filiale. Des mascarons, de la gueule desquels sortent des festons, des feuillages et des grappes de raisin, sont entremêlés de crocodilles, d'hommes et de femmes nues, de lynx, d'oiseaux, d'animaux fantastiques, qui s'enlacent dans le feuillage et tournent avec les volutes.

Tau ou béquille en buis. (Tiré du cabinet de l'auteur). (Planche 231.)

Un lion, debout sur ses quatre pattes, sert de poignée à cette espèce de canne faite à l'usage d'un vieillard. L'animal est posé sur une espèce de socle, dans lequel sont incrustés plusieurs petits médaillons en

(1) Les prêtres de l'église romaine, à cette époque, ne portaient pas la barbe. *Voyez* tom. IV, pag. 71, 72 et 73.

Tau, ou Béquille en buis.

Tiré du Cabinet de l'Auteur.

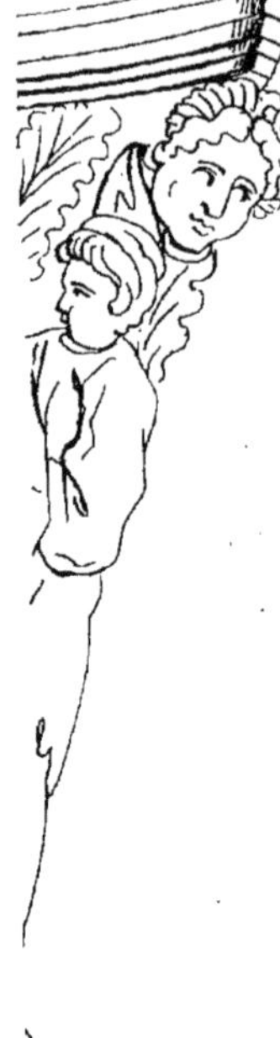

ivoire. Plus bas, on voit le pape, accompagné de trois évêques, à genoux, sculptés en relief et en ivoire, placés sous quatre petits portails d'église délicatement ouvragés : le tout est posé sur une base circulaire, ornée de dix masques, composés dans le style antique, pris dans la même masse ; et chargée des inscriptions suivantes, également sculptées en relief, telles qu'elles sont figurées sur la gravure. Dans la partie supérieure on lit : *Lex Dei vera est omne malignum ;* et dans la partie inférieure : *Per crucis hoc signum fugiat.* De petites incrustations en verre de couleur, placées avec beaucoup d'adresse, et comme autant de pierres précieuses, augmentent prodigieusement la richesse de ce petit monument.

La canne ou la partie inférieure du tau, également en buis, cannelée dans toute sa longueur, et terminée par un ornement en ivoire, quoique d'un goût fort simple, est aussi soignée que la partie supérieure.

Chapiteaux du dixième siècle.
(Planche 232.)

Les chapiteaux du dixième siècle, que l'on voit ici, et dont la composition singulière mérite d'être remarquée, décoraient la nef de l'abbaye de saint Austremoine, à Issoire en Auvergne. Ces chapiteaux, en pierre de volvic, et d'un travail fort grossier, placés dans l'église à la suite d'autres chapiteaux représentant un zodiaque, nous font voir, comme les anciens mythologues auraient pu le faire, 1° la fin d'une période annuelle, le déluge ou la dégradation de la nature sous le signe du verseau, lorsque le serpent d'Ophiucus introduit le mal dans le monde, et annonce le décroissement de la lumière; 2° le séjour du soleil dans les signes inférieurs, ou le solstice d'hiver et la naissance du soleil nouveau, représenté par un enfant nouveau-né, sortant du sein de la nature; 3° le Paradis, ou le séjour des âmes bienheureuses, qui sont figurées au milieu des palmes qu'elles ont acquises par une bonne conduite pendant la vie.

Chapiteaux de Sainte-Geneviève.
(Planche 233.)

L'église Sainte-Geneviève, fondée par Clovis, après avoir été pillée et brûlée plusieurs fois par les Normands, fut rétablie vers l'an 990. Cette restauration est due aux soins du roi Robert, ainsi qu'il est rapporté dans un obituaire. Les chapiteaux que nous avons retirés de la nef de Sainte-Geneviève, que nous avons fait graver, et que l'on a vus pendant plusieurs années au Musée des monumens français, datent de la restauration de l'église; c'est-à-dire, du règne de Robert, célèbre par sa piété, sa douceur, et le bien qu'il faisait aux églises.

Ces chapiteaux, dans leur ensemble, représentent un zodiaque. Le premier, de forme circulaire, est composé de deux faces, dont les sujets sont tellement semblables aux images que nous présente le ciel, qu'on peut les considérer comme une espèce d'almanach, car on y voit la peinture complète de l'année. D'abord, nous voyons, dans le premier, les deux solstices et les deux équinoxes exprimés allégoriquement. Dans le second, nous voyons les douze divisions de l'année, ou les

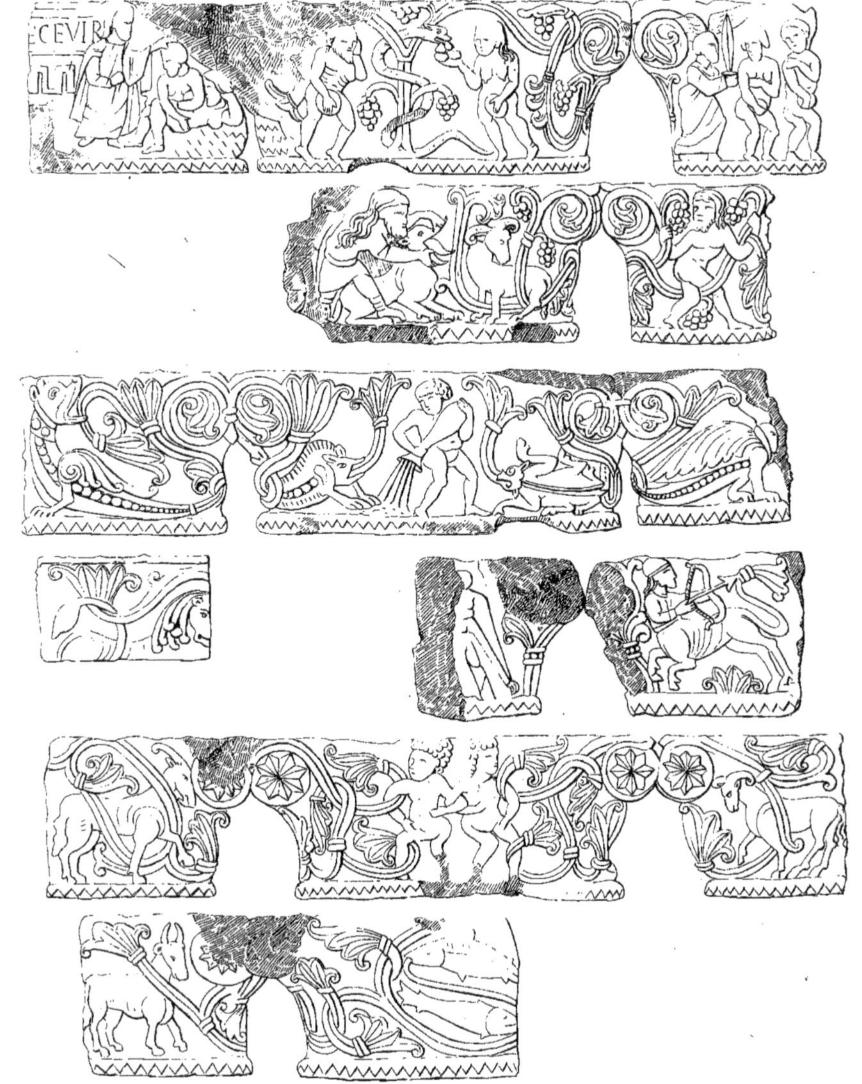

Zodiaque.

mois dont elle se compose, représentés par les douze signes du zodiaque.

La figure qui se présente à la vue, sur le premier chapiteau, est l'image du bélier céleste, signe dans lequel le soleil fixait l'équinoxe du printemps, si on s'arrête à l'époque donnée par la Genèse, d'où l'on a tiré les sujets qui sont sculptés ici.

Le second bas-relief représente la création de l'homme et de la femme. Sur le troisième, on voit l'introduction du mal dans le monde, exprimée par le péché d'Adam, comme on voit, sur le quatrième, Adam et Eve chassés du Paradis terrestre. Le cinquième représente Noé, le conservateur du genre humain pendant le déluge, et le sixième nous fait voir Samson, les cheveux épars, terrassant un lion. Il est donc évident que l'on a voulu peindre le commencement d'une période solaire, sous le signe du bélier, dont on a fixé le point du départ à l'équinoxe d'automne, époque à laquelle les anciens ont fait commencer l'année, qu'ils considéraient comme entièrement révolue lorsque le soleil, après le repos solsticial, commençait à descendre dans les signes inférieurs, et à faire décroître les jours (1).

---

(1) L'année égyptienne commençait à l'équinoxe d'automne, ce qui correspond au 28 ou au 29 d'août de l'année julienne instituée par Jules-César, et par conséquent elle était usitée à Rome. L'année grecque commençait à la première lune qui suivait le solstice d'été, ce qui la fixait également à l'équinoxe d'automne, et le commencement de l'année juive moderne est aussi fixé à la même époque.

Cette note est nécessaire pour l'intelligence des bas-reliefs dont il s'agit.

Nous voyons, 1° que pour désigner le commencement de l'année, on a sculpté, sur le monument, la création de l'homme et de la femme, ce qui est exprimé par les mots *ecce vir*, écrits en gros caractères; 2° pour peindre l'équinoxe d'automne, on a représenté le péché d'Adam et le triomphe du serpent; les annonces de l'hiver ou les approches du solstice inférieur sont figurées par l'expulsion d'Adam et Eve du Paradis terrestre; c'est-à-dire du jardin où les fruits les plus délicieux étaient abondans. L'image du solstice d'hiver est exprimée sur le monument par la figure de Noé, le constructeur de l'arche, sauvé de l'immersion des eaux du déluge; enfin, nous voyons que, pour exprimer d'une manière sensible le terme de la révolution annuelle du soleil, on a sculpté Samson, mâle et vigoureux, déployant toute sa force pour vaincre les fureurs du lion solsticial, dans lequel l'astre du jour prenait alors son domicile et terminait ses travaux, suivant la fable, sous le nom d'Hercule.

Statues du temple de Montmorillon. (Planche 234.)

La chapelle Notre-Dame de Pitié, à Montmorillon, petite ville du département de la Vienne, et connue sous le nom d'*octogone de Montmorillon*, que Montfaucon, don Martin et plusieurs autres antiquaires ont considérée comme un temple des druides, ne date réellement que du onzième siècle. On y voit tous les caractères de l'architecture de cette époque, et particulièrement des voûtes en ogives, genre d'architecture qui ne fut

RO

introduit en France qu'au retour des croisades, comme on le verra plus tard.

La construction de ce petit temple, faite selon les lois de l'acoustique, est remarquable comme l'était celle de la tour de Saint-Martin-des-Champs, à Paris, et comme l'est encore la grande salle de l'observatoire. Nous comparerons les figures de l'octogone de Montmorillon, que l'on voit ici, à celles de Clovis et de la reine Clotilde, dont nous avons parlé (tome V, p. 217 jusqu'à 223); nous y reconnaissons le même style dans le dessin, la même allure dans les attitudes, la même ondulation dans la chevelure et dans la barbe; nous y voyons les longues tresses de cheveux qui descendent jusqu'aux genoux des femmes; les mêmes vêtemens, ainsi que la même manière de travailler la pierre, et l'emploi de la gradine, pour rendre l'effet des étoffes de gazes ou de crêpes, qui étaient brochées et faufilées de trames d'or. Elles ont également des rapports avec celles du principal portail de la cathédrale de Chartres, dont la construction fut commencée en 1022, par les soins de Fulbert, évêque de cette ville; elles ont aussi, dans leur exécution, tous les caractères qui distinguent la sculpture du onzième siècle, qui était une imitation de celle des premiers temps de la monarchie.

Si nous examinons les sujets que représente cette sculpture, nous ne serons point de l'avis de ceux qui n'y voient que des saints. Nous pensons que l'artiste, dirigé par des hommes plus savans que lui, a eu plus d'un but dans l'exécution de ces statues, dont on a souvent cherché trop loin les explications. On ne peut nier que les deux figures nues ne soient allégoriques et isolées des autres, tandis que celles qui sont drapées se touchent et paraissent coïncider entr'elles.

Montfaucon n'avait publié que huit de ces figures: en démolissant un petit mur intérieur que les moines avaient mis devant, sans doute pour dérober la vue d'images qu'ils regardaient comme profanes ou indécentes, on en a trouvé cinq autres, ce qui en porte le nombre à treize.

Dans un mémoire particulier (Voyez *Mém. de l'Acad. celt.*, tome III, page 18), nous avons avancé que ces sculptures sont plus anciennes que l'édifice existant, où elles auraient été placées isolément sur le portail; que là, elles occupaient les places destinées aux rois, aux reines, aux princes et aux fondateurs de l'édifice, selon l'usage reçu. Nous sommes encore de cet avis.

Nous avons reconnu qu'elles datent du onzième siècle; qu'effectivement elles ornaient l'ancien portail de la chapelle où elles étaient divisées par groupe, comme on le voit sur la gravure; mais que, déplacées pour des restaurations, à une époque moins ancienne, on les a réunies, en forme de bas-relief, dans l'intérieur de l'église où elles sont maintenant.

La première figure représente une femme nue, échevelée, allaitant deux serpens qu'elle tient de chaque main. Le groupe suivant, composé de trois personnages drapés et barbus, tenant, l'un un rouleau et l'autre un livre, pourraient bien être les évangélistes, dont le quatrième, figuré jeune, sans barbe, dans le milieu du troisième groupe, serait saint Jean. Il tient un livre sous le bras, comme les autres, et les deux figures de femmes qui l'accompagnent pourraient bien être des princesses qui auraient participé à la fondation de l'église.

Celle qui suit est isolée; ses cheveux tressés, sa ceinture longue; son surcot et son vêtement, en totalité, ressemblent à celui de la reine Clotilde et à ceux des figures de la cathédrale de Chartres, comme nous l'avons déjà fait remarquer. Elle foule un monstre du pied droit, et porte des gants à ses mains, ce qui caractérise le *droit de chasse* ou de *fauconnerie*, qui appartenait exclusivement à la haute noblesse.

La première figure du second rang représente une femme nue, échevelée comme la première, tenant de chaque main un crapaud qu'elle nourrit de son lait. Une figure d'ange suit celle-ci, et le troisième sujet représente une mère et sa fille, groupées ensemble; elles se passent une main sur l'épaule, et portent l'autre sur leur cœur. Le voile que la mère a sur la tête caractérise le veuvage, et ce groupe intéressant pourrait bien représenter la *Visitation*, c'est-à-dire, la sainte Vierge et sainte Elisabeth; mais comme elles ne sont pas distinguées des autres par le *nimbe*, qui était rigoureusement accordé aux images de Jésus-Christ, de la sainte Vierge et des saints, nous n'osons pas l'affirmer.

La dernière figure de ces bas-reliefs curieux, est vue de face et dans l'état le plus parfait.

Enfin, ces différens groupes représentent les fondateurs de l'édifice, un ange ou le génie protecteur de cette fondation, les quatre évangélistes, et le bien et le mal, qui, à la manière des gnostiques, sont allégoriquement figurés.

Bas-relief tiré de l'abbaye de Moissac.
(Planche 235.)

On voit sur cette planche quatre bas-reliefs en pierre et de même proportion, qui décoraient l'abbaye de Moissac, département de Tarn-et-Garonne. Les numéros 1 et 2 représentent les vices punis, et les deux autres, numéros 3 et 4, la Visitation et l'Annonciation de la sainte Vierge.

Le n° 1, par une composition singulière et grotesque, nous fait voir la luxure punie. La luxure est figurée par une femme debout, s'arrachant les cheveux, fuyant et fléchissant les genoux sous le poids des maux dont elle est accablée. L'expression de cette malheureuse est celui du désespoir, et elle est figurée dans un état convulsif. Son corps est enveloppé par deux énormes serpens qui, en se glissant autour de ses membres, parviennent à lui dévorer les mamelles, tandis qu'un gros crapaud, placé dans le milieu de ses cuisses, lui dévore la partie par où elle a péché. Près de cette femme est un démon à face hideuse et à pattes de lion, sur lesquelles il se dresse et se tient debout. La pécheresse veut fuir, mais le monstre l'arrête en la saisissant à la main droite; il lui présente la tête d'un serpent irrité, dont il est lui-même enveloppé; il veut l'entraîner, et, dans sa colère, il lui souffle au visage un crapaud qui sort de sa bouche (1).

(1) Il est évident pour moi que c'est la vue de ce bas-relief singulier qui a inspiré à Cazotte le couplet qu'on va lire, extrait d'une chanson dans laquelle le poète suppose qu'un chevalier errant, passant la nuit dans un vieux château, dans l'espoir

5.

1.

Pag. 80.

2.

3.

4.

Bas-reliefs tirés de l'Abbaye de Moissac.

Le n° 2, aussi curieux que le précédent, représente l'Avarice. On voit un vieil avare perclus, assis dans un fauteuil, ayant son trésor pendu à son cou et le soutenant de ses deux mains. Le mauvais riche est peint refusant l'aumône à un vieux mendiant estropié; celui-ci se soutient sur un bâton qu'il tient de la main droite, et de l'autre se gratte la tête. On remarquera que l'on voit un démon cornu, à figure fantastique, qui est monté sur les épaules du pauvre, comme il y en a un sur celles de l'avare, ce qui double la même action.

L'avare est chevauché par son démon, et le monstre le tient tellement serré entre ses cuisses, que le vieillard étouffé, comme on le serait par un violent cauchemar, peut à peine respirer. Les deux mains, ou les griffes de l'animal, sont posées sur une petite cassette qui couvre la tête de sa victime; et par l'expression que lui a donnée le sculpteur, il paraît narguer le démon qui est en face de lui, sur les épaules du mendiant. Celui-ci a le corps et la queue d'un lion, les ailes d'un griffon, et les pieds fourchus d'un

---

de s'y reposer, se trouve assailli par des revenans. (*Cazotte fait ici la peinture des démons.*)

....
....
Les fouets, dont leurs mains sont armées,
Sont des serpens les plus envenimés;
Il veut crier:
Un crapaud du gosier
Lui sort avec clameur.
Hélas, ma bonne! hélas! que j'ai grand peur! etc.

bouc ; l'avarice de son confrère l'irrite, il lui en fait de vifs reproches, mais l'autre en rit.

On ne peut se dissimuler que ces peintures hideuses ne soient le résultat du mauvais goût; mais on conviendra néanmoins qu'elles avaient un but moral, celui de représenter au peuple la punition des vices sous les couleurs les plus frappantes.

Les bas-reliefs 3 et 4, représentent la Visitation de sainte Elisabeth et l'Annonciation de la sainte Vierge. Ces deux morceaux, mis en opposition avec les premiers, sont un heureux contraste et n'en font que plus d'effet. Il y a de la simplicité et de la sagesse dans la composition des sujets; de la beauté dans les têtes des personnages ; de la noblesse et du goût dans les draperies.

Étoffe brochée en soie et en or.
(Planche 236.)

Le morceau d'étoffe que nous avons fait graver, est une portion des guêtres que Ingon, parent de Robert le pieux, abbé de Saint-Germain-des-Prés, mort en 1025, avait encore aux jambes lorsque son tombeau fut ouvert, le 7 prairial de l'an 7. L'abbé Ingon avait été enterré avec ses habits pontificaux ; il avait sa mitre sur la tête et sa crosse à côté de lui. Le tout était parfaitement conservé. Le vêtement qui couvrait le corps de cet abbé était entier, il ne présente aucun changement au costume des évêques ; nous l'avons décrit et fait graver, tome Ier, pages 162 et suivantes. Nous avons répété ici ce détail dans un plus grand format, comme la partie la plus intéressante de notre découverte.

Dessins qui ornent les Guêtres de l'Abbé Ingon.

Email, représentant Geofroi le-Bel.

Cette partie de la chaussure que portait l'abbé Ingon, parfaitement semblable à nos guêtres, est d'une étoffe de soie très-fine, d'un violet foncé, ornée de dessins variés, d'un excellent goût et brochés, représentant des polygones ou des écus, dans le champ desquels sont tracés des lièvres et des oiseaux, en or. Chaque polygone renferme une invocation à Dieu, en caractères arabes. Ces guêtres, posées par-dessus un morceau de drap noir foulé qui servait de bas, étaient serrées, vers le jarret, d'une coulisse retenue par un petit cordonnet de soie de la même couleur, parfaitement fabriqué.

Émail représentant Geoffroy-le-Bel.
(Planche 237.)

Tombeau en cuivre émaillé, de Geoffroy-le-Bel, comte du Maine et d'Anjou, mort le 7 septembre 1150. La gravure que l'on voit ici a été faite d'après un dessin original de notre collection; il passe pour être celui qui a servi à l'exécution du monument.

Le mausolée du comte du Maine, portant deux pieds et demi de haut sur un pied et demi de large, consistait en une simple plaque de cuivre, émaillée, qui était placée contre le deuxième pilier à gauche, proche le jubé, dans la nef de l'église cathédrale de Saint-Julien du Mans. On y voit ce guerrier vêtu d'une longue tunique et d'un manteau, le casque en tête, tenant d'une main son bouclier et de l'autre son épée. (*Voyez* ce que j'ai dit du costume français de ce temps-là, tome Ier, page 194.) Voici l'inscription qui est figurée autour du monument: *C'est Geoffroy-le-Bel, comte du Maine, fils de Foulques, comte d'Anjou et du Maine, qui mourut le 7 septembre l'an* 1150 (1).

Restauration de l'église Saint-Denis par l'abbé Suger.

Après la dévastation de l'église royale de Saint-Denis, par les Normands, l'abbé Suger considérant que l'affluence des fidèles devenait de jour en jour plus considérable, et qu'il convenait d'offrir à la majesté de Dieu un local assez vaste pour les contenir sans confusion, entreprit de la rétablir entièrement, projet qu'il avait conçu long-temps avant d'obtenir la régence du royaume qui lui fut confé-

---

(1) Geoffroy, dit le *Bel*, ou *Plante-Genest*, fils de Foulques, gendre de Baudouin, roi de Jérusalem, avait épousé Mathilde, veuve de Henri V, empereur d'Allemagne, mort à Utrecht, l'an 1126, après avoir régné vingt ans. Voici ce que Mézerai rapporte à ce sujet: — Henri, pareillement, n'ayant point d'enfans de sa seconde femme, fit reconnaître sa fille Mathilde, veuve de l'empereur Henry, pour son héritière en tous ses États, et la remaria à Geoffroy, surnommé le *Bel*, fils et successeur de Foulques, comte d'Anjou; lequel, avant que d'aller à Jérusalem, lui avait résigné toutes ses seigneuries. Les noces se célébrèrent à Rouen, avec des magnificences, des festins et des tournois qui n'avaient point eu de semblables durant tous ces règnes là. Le parti était avantageux, tant pour le mérite du jeune prince que pour sa puissance; et, d'ailleurs, Henri le choisissait, afin de détacher, du parti du Roi de France, cette maison d'Anjou qui lui avait tant causé de peines, et de la mettre tout-à-fait dans ses intérêts.

rée par le roi Louis VII, dit le *Jeune*, avant son départ pour la Terre-Sainte. Cet illustre et pieux abbé, en respectant de l'ancien bâtiment ce qui avait été construit par Pepin et Charlemagne, fit élever, au dessus, une nouvelle bâtisse en forme d'église haute qui, depuis, fut appelée le *Chevet de l'église*. Il fit aussi exhausser les tours avec la plate-forme, pour la défense de l'église et de la maison en cas de guerre. L'abbaye de Saint-Denis avait, comme toutes les autres abbayes, droit de haute et basse justice dans son enclos.

L'abbé Suger mit la plus grande somptuosité dans la décoration de son église, et, si on consulte l'histoire latine et manuscrite de son gouvernement, on y trouvera un long détail des dépenses qu'il fit pour l'abbaye de Saint-Denis et la recherche qu'il mit particulièrement pour l'exécution des vitraux dont il l'avait ornée (1).

Enfin on mit tant de zèle et tant d'activité dans la construction de ce bâtiment, que le roi, accompagné de la reine sa femme, de la reine sa mère, des princes de toute sa cour, et assisté des principaux évêques, se rendit à

---

(1) *Voyez* tom. VI, *peinture sur verre*, pag. 64 et suiv., ce que j'ai dit des vitres peintes de Saint-Denis.

l'abbaye de Saint-Denis, le 13 juin 1144, pour célébrer la consécration des autels et la dédicace du nouvel édifice (1).

Peinture sur verre représentant la consécration d'un évêque. (Planche 238.)

La gravure que l'on voit ici représente la consécration d'un évêque, comme l'indique le tau, *signum tau*, qu'un autre évêque lui imprime sur le front. Cette peinture, détachée d'une des vitres du chevet de l'église Saint-Denis, bâtie par Suger, est grossièrement exécutée, mais le dessin en est sévère et le coloris vigoureux. L'auteur, comme on le voit, a représenté ses personnages à l'antique et en habit civil. Ce tableau précieux, qui a été conservé au Musée des Monumens français, ainsi que ceux décrits et gravés, tome VI, *Peinture sur verre*, page 63, ont été restitués à l'église Saint-Denis (1).

Bassin en cuivre émaillé. (Planche 239.)

Le bassin en cuivre émaillé, gravé ici de la grandeur de l'original, a été trouvé à une demi-lieue de Soissons, et déposé depuis dans le cabinet des antiques de la bibliothèque du Roi.

Ce monument rare et précieux, travaillé à la manière des orientaux, nous fait voir neuf figures dessinées seulement au trait, dans le goût de celles qui

---

(1) *Voyez* la suite de l'Histoire de Saint-Denis à la fin du volume.

(2) A la fin de l'ouvrage je donnerai de nouvelles observations sur la *peinture sur verre* qui serviront de supplément au t. VI.

Peinture sur verre, representant la Consecration d'un Eveque.

Bassin en cuivre émaillé, trouvé près Soissons.

composent la table isiaque, et six tourelles qui séparent six tableaux divisés par des portions de cercle. Ces tours, l'emblême de la Castille, sont là sans doute pour exprimer que ce morceau a été fait pour la reine Blanche, mère de saint Louis, dont elles étaient les armes.

Ceci nous autorise à croire que c'est la reine ellemême, représentée couverte de sa tunique et de son manteau, et assise sur son trône, qu'on voit dans le tableau placé en tête de ceux qui ornent le bord du bassin ; elle a le geste du commandement, et paraît donner des ordres aux autres.

Les autres tableaux sont au nombre de sept, dont le principal forme le fond du plateau. Les personnages qu'on y voit peuvent se diviser en deux classes, c'est-à-dire, en écuyers et en musiciens ; deux de ceux-ci jouent du violon, et les deux autres de la harpe. Le conducteur de l'orchestre est placé au centre, assis sur un siége très-élevé ; il tient sa harpe qu'il met en mouvement, tandis que les autres musiciens, posés debout, suivent ses mouvemens pour former l'ensemble du concert. Les écuyers, qu'on voit dans les trois autres tableaux, sont armés et tiennent chacun un faucon sur le poing, ce qui caractérise le droit de chasse, et par conséquent de la noblesse.

Toutes les figures de ce bassin, ainsi que les ornemens dessinés et rehaussés par des filets en or, se détachent sur un fond d'émail d'un bleu d'azur.

Origine de la peinture en émail.

Il n'y a aucun doute que l'art d'émailler les

métaux ou la terre cuite, n'ait suivi de près la découverte de la fabrication du verre, qui, suivant Pline, se fit aux bords du fleuve Bélus par des marchands phéniciens. Suivant de Paw, les Egyptiens sont les premiers peuples de l'antiquité qui aient employé le verre à des objets d'arts et par suite l'émail; ce qui est prouvé par la grande quantité d'idoles et d'amulettes émaillées, soit en verre, en bronze ou en terre cuite que l'on voit dans les musées des souverains et dans les cabinets des particuliers. Il n'est personne qui n'ait vu des figurines égyptiennes, émaillées de toutes les couleurs, ainsi que des figures et des bustes grecs ou romains, en bronze, avec des yeux et des draperies d'émail. Buonaroti, dans son ouvrage intitulé : *Osservazioni sopra alcuni fcammenti di vasi antichi di vetro*, parle d'un vase antique en verre peint ou émaillé, orné de dessins d'un bon goût et de différentes figures coloriées et dorées, sur le bord duquel on lit un mot grec; d'ailleurs, comme on le sait, les pavés mosaïques des anciens se fabriquaient avec de petits cubes en émai de différentes couleurs.

Les procédés de la peinture en émail sont à peu près les mêmes que ceux de la peinture sur verre (1), puisque l'on emploie à ce genre de peinture des couleurs minérales et fusibles, que l'on passe plusieurs fois au feu, comme on fait des pièces de verre que l'on a peintes pour en former les vitraux; et nous avons vu aussi employer l'émail avec succès dans la peinture sur verre. La peinture en émail s'opère de deux manières; c'est-à-dire, que l'on couche les couleurs à plat ou qu'on les pose les unes à côtés des autres, par hachures ou en pointillant comme on le fait assez ordinairement pour la miniature. Elle s'exécute souvent sur l'or ou sur l'argent, mais plus communément encore sur le cuivre.

De la Peinture en émail sous les rois de la première race.

La peinture en émail s'employait en France, dès les premières époques de la monarchie, à l'embellissement des tombeaux, des meubles et des vêtemens. On connaît dans les collections d'antiquités françaises, plusieurs bijoux en or émaillé, des gardes d'épées, ainsi que des agraffes appelées *fermail,* dont l'usage était de retenir la petite courroie qui maintenait sur la poitrine l'ouverture du manteau que portaient

(1) *Voyez* tom. V, *peinture sur verre*, pag. 38, 39, 40 et 41.

les premiers rois francs, comme on le voit aux statues de Clovis, de Childebert, etc. (*Voyez* tome Ier, page 183, et *idem* page 157). Ce genre de peinture, employé, dans la suite, à la fabrication des reliquaires et des ustensiles à l'usage du culte, s'est singulièrement perfectionné.

Les monumens français en cuivre émaillé, des onzième, douzième et treizième siècles, sont extrêmement recherchés des amateurs. Quoique le dessin de ces morceaux soit barbare, les couleurs sont belles, solidement fixées; on y remarque sur-tout un style oriental, qui leur donne un caractère d'originalité et d'antiquité qui plaît généralement.

CHAPITRE III.

Monumens du moyen age. — Suite de la troisième dynastie. — Second style.

Architecture. — Sculpture. — Les arts prirent un nouvel essor à la suite des croisades. Les artistes qui s'étaient croisés cherchèrent à leur retour en France, à imiter le style des monumens qu'ils avaient vus en Syrie; ils changèrent totalement les formes de l'architecture et perfectionnèrent celles de la sculpture.

[illegible] du Musée des Monumens français où se [illegible] le Tombeau d'Héloïse et d'Abeilard.

Pl. 240.

Les monumens du premier style se distinguent des autres par une âpre sévérité et par une énergie rude; ceux du second style montrent plus de rondeur, plus de grâce, et dans leur exécution on aperçoit les progrès presque insensibles d'une civilisation plus avancée. En effet, le premier style a quelque chose de sauvage qui peint l'austérité des mœurs gauloises; le second style, en quelque sorte, a fixé l'art de la sculpture en France.

— On remarquera que l'architecture, improprement appelée *gothique*, introduite en France à la suite des croisades, est une architecture *saracinique;* c'est-à-dire *sarrazine* ou *mauresque;* nous en avons essayé la démonstration dans un article fort étendu qui se trouve à la fin du volume. (*Voyez* la note intitulée *origine de l'architecture, improprement appelée gothique.*)

Tombeau d'Héloïse et d'Abailard. — Statue couchée d'Abailard. — Vue de la troisième cour du Musée. — Portrait d'Abailard, peinture sur verre. (Planches 240, 241 et 242.)

Après avoir retiré de la poussière les restes de quelques personnages illustres, nous n'avons pas négligé d'établir, à la suite de notre Musée français, une espèce d'Elysée, où nous les avons déposés avec la dignité qu'inspirent la reconnaissance et le respect. Couchés dans des sarcophages, dessinés d'après les tombeaux antiques, reposaient en paix les restes de Molière, de La Fontaine, de Boileau, de Descartes, de Mabillon, de Monfaucon et le cœur de Jacques Rohault (1). Les cendres de Turenne avaient aussi leur place au Musée, mais elles ont été transportées dans le dôme de l'église des Invalides, avec le mausolée que Louis XIV avait fait élever au grand homme dans l'abbaye de Saint-Denis.

Dans un lieu solitaire de notre Elysée, planté d'ifs, de platanes et de cyprès, s'élevait une chapelle du douzième siècle, dans laquelle on voyait un tombeau qui contenait les corps d'Héloïse et d'Abailard, que nous avons eu la précaution de relever de leurs sépulcres, lors de la vente du Paraclet, *lieu consolateur*,

(1) *Voyez* tom. V, pag. 195, la description de l'Élysée que j'ai planté, et celle des tombeaux des hommes et des femmes célèbres qu'il contenait. *Voyez* aussi les belles gravures au burin de MM. Lavallée et Réville, dont le Roi a daigné agréer la dédicace.

Depuis la suppression du Musée des Monumens français, Molière et La Fontaine ont été transportés au cimetière du Père La Chaise. Boileau, Descartes, Mabillon et Montfaucon à Saint-Germain-des-Prés. *Voyez* à la fin du huitième volume les pièces justificatives.

comme l'appelait Abailard, qui l'avait fait construire. Là, nous avons entendu plus d'un soupir et nous avons vu couler plus d'une larme.

Cette chapelle, établie l'an 1800, à grands frais dans le jardin du Musée, a dû être déplacée en vertu d'une ordonnance royale du 5 novembre 1814, pour mettre le Mont-de-Piété en jouissance du terrain qu'elle occupait aux Petits-Augustins. Un arrêté du ministre de l'intérieur en a autorisé le transport dans un autre local du Musée ainsi que la restauration.

Des avaries assez considérables, occasionnées par les ébranlemens de la démolition, et par l'extraction des corps étrangers qui tenaient toutes les parties du monument entr'elles, ont eu lieu dans cette circonstance; mais, avec des soins et de bons restaurateurs, nous sommes parvenus à le rétablir de manière à fixer l'attention des amis des arts, et à obtenir l'approbation de tous les étrangers, qui, depuis son déplacement, sont venus en foule visiter le Musée des Monumens français.

Dans la dernière description du Musée, que nous avons eu l'honneur de présenter au Roi, en parlant des travaux qu'il y avait encore à faire pour la restauration complète des Monumens français, nous nous exprimions ainsi : *La troisième cour du Musée des Monumens français, présentera aux artistes l'ensemble d'un édifice gothique, construit avec les débris d'une chapelle que Pierre Montreuil avait bâtie pour saint Louis ; déjà une partie de ce monument est élevée et restaurée* (1). (Planche 240). C'est dans cette cour, décorée suivant le goût du douzième siècle, que nous avons placé et restauré définitivement, là et telle qu'elle est figurée sur la gravure, la chapelle sépulcrale d'Héloïse et d'Abailard. La principale façade était construite et entièrement terminée, et si nous eussions été assez heureux pour compléter notre projet, cette cour aurait représenté une espèce de cloître, parfaitement semblable à celui qu'Abailard avait fait bâtir dans son habitation du Paraclet, auquel il avait donné le nom de *monastère de la Trinité.* (*Voyez*, tome Ier, page 223 et suivantes, ce que nous avons dit du monument (2).

Monument d'Héloïse et d'Abailard. (Planches 241 et 242.)

Les monumens dont nous allons entreprendre la description, sont du nombre de ceux qui offrent le

---

(1) *Voyez* tom. IV, pag. 59 et suiv., mes différens projets sur le Musée.

(2) J'ai décrit et gravé les monumens d'Héloïse et d'Abailard, tom. Ier, pag. 218 et et suiv. ; mais comme ce tombeau intéres-

Vuë du Tombeau d'Héloïse et Abélard, prise dans le Jardin du Musée.

Tombeau d'Abélard.

plus grand intérêt. Nommer Héloïse et Abailard, c'est fixer d'avance l'attention des âmes sensibles ; faire connaître les monumens élevés en leur honneur, c'est intéresser les personnes qui chérissent les lettres et les arts.

L'histoire de ces amans malheureux est trop connue pour la renouveler ici. Abailard ou *Abélard* (1), l'homme le plus instruit de son temps, fut reçu chez Fulbert, chanoine de Notre-Dame et oncle d'Héloïse, en qualité de précepteur; il était beau et bien fait de sa personne, composait et chantait agréablement des vers amoureux. Quels moyens de séduction pour une jeune fille dont l'âme encore pure et tendre est toute disposée par la nature à recevoir les premières impressions de l'amour! Héloïse ne fut pas insensible

---

sant a éprouvé des changemens et des déplacemens, j'ai cru devoir le faire graver de nouveau. Depuis la suppression du Musée, il a été transféré au cimetière du Père La Chaise.

(1) Voici les différentes manières d'orthographier le nom d'Abailard, des historiens du onzième et du douzième siècles : *Abailard*, *Abayelart*, *Abeillard*, *Abellart*, *Abelard*, *Abulart*, *Allebart*, *Abaalarz*, *Abaulart*, *Abealart*, *Abœlardus*, *Abelhardus*, *Abailardus*, *Adelhardus*, *Abbajalarius*, *Bailardus*, *Balardus*, *Bæjulardus*, *Baliardus*. De tous ces noms, les plus usités sont *Abailardus*, *Abailard* et *Abélard*.

« Pierre Abailard naquit en 1079, de parens distingués, au » bourg le Palais, ou le Palet, en latin *Palatium*, près Clisson, » à quatre lieues de Nantes en Bretagne. Son père, que d'Argen- » tré qualifie de noble chevalier, s'appelait *Beranger*, et *Luce* » fut le nom de sa mère. On prétend que le nom d'Abailard, que » l'on fait dériver du mot *abeille*, fut donné par Luce à son fils, » au moment de sa naissance, comme une allusion prophétique à » l'éloquence persuasive qui devait un jour le rendre célèbre. »

aux visites fréquentes de son maître; elle devint mère: voilà l'origine de leur malheur (1).

Héloïse était la femme la plus passionnée et la plus savante de son siècle; elle aimait son époux pour lui-même; ce qui est pleinement justifié par sa conduite. Abailard, au contraire, n'aimait sa maîtresse que pour lui; égoïste parfait, il a sacrifié à son amour personnel ce qui devait lui être le plus cher au monde. Héloïse était belle, grande, svelte (2); elle avait le

---

(1) « Héloïse accoucha d'un fils d'une beauté si rare, qu'elle » lui donna le nom d'ASTRALABLE, qui veut dire *astre brillant.*
» Astralable ou Astrolable reçut, comme son père, le prénom » de Pierre, ainsi que le prouve le calendrier du Paraclet, où l'on » trouve ces mots : *Quarto kalendas novembris obiit Petrus* » *Astralabius, magistri nostri, patri filius.* Il embrassa l'état » ecclésiastique, et survécut à Abailard. Héloïse, cette tendre » mère, le recommande, dans une de ses lettres, aux soins de » Pierre de Cluny. *Memineritis*, lui dit-elle, *et amore Dei et* » *nostri, Astralabii vestri, ut aliquam ei, vel à Parisiensi,* » *vel alio quolibet episcopo, præbendam acquiratis.* Pierre lui » répond à ce sujet : *Astralabio vestro, vestrique causa nos-* » *tro, mox ut facultas data fuerit, in aliquâ nobilium eccle-* » *siarum præbendam libens acquirere laborabo. Res tamen* » *difficilis est, quia, ut sæpè probavi, ad dandas in ecclesiis* » *suis præbendas, variis objectis occasionibus valdè se diffi-* » *ciles præbere episcopi solent. Faciam tamen causa vestri* » *quod potero, mox ut potero.* Nous ignorons s'il l'obtint, car » voilà les seules particularités qui nous soient connues de la » vie d'Astralable. »

(2) « L'inspection des os de son corps, que nous avons exa- » minés avec soin, nous a convaincu qu'elle fut, comme Abai- » lard, d'une grande stature et de belles proportions. Ses restes » précieux, dont on n'a pas craint de violer l'asile, sont main- » tenant déposés à Nogent-sur-Seine; et tel est l'empire impé-

port noble, et elle joignait à ces rares qualités toutes celles de l'esprit et de l'âme. Que de motifs de jalousie pour un homme vain qui n'aimait que lui et qui admirait son ouvrage dans son élève? Le violent amour

---

» rissable de la vertu, qu'il a été offert plusieurs fois des sommes » énormes, jusqu'à cent mille écus, pour avoir une seule dent » d'Héloïse. Je n'ai pas besoin de dire que ce sont des Anglais » qui ont fait de pareilles offres. » C'est ainsi que M. Delaunaye s'exprime dans la Vie d'Héloïse et d'Abailard, qu'il a fait imprimer en 1795.

J'ai fait la même remarque que M. Delaunaye sur la statue d'Abailard : ses ossemens sont forts et d'une grande dimension. La tête d'Héloïse est d'une belle proportion; son front, d'une forme coulante, bien arrondie et en harmonie avec les autres parties de la face; elle réunit dans son ensemble tous les traits de la beauté parfaite. Cette tête a été moulée, sous mes yeux, pour l'exécution du buste d'Héloïse, que j'ai fait modeler par M. Deseine.

« Suivant l'opinion la plus commune, Fulbert fut oncle maternel d'Héloïse. On ne sait rien de plus sur sa famille; car il » ne faut point s'arrêter au dire de François d'Amboise, qui » prétend qu'elle était de l'illustre maison de Montmorency. » Cette opinion n'est appuyée d'aucune preuve, non plus que » celle de Papyre-Masson, qui veut qu'Héloïse ait été fille na» turelle d'un chanoine nommé *Jean*. Si quelqu'un devait être » soupçonné de lui avoir donné naissance, ce serait bien plutôt » Fulbert lui-même, qu'un ancien calendrier du Paraclet appelle » *Hubert*. »

Quoi qu'il en soit, Fulbert ne négligea rien pour l'éducation de sa nièce, qui, aux dons précieux de la nature, joignait ceux de l'esprit et des talens rares dans une femme; car elle possédait également bien le latin, le grec, l'hébreu, la philosophie, les mathématiques et même la théologie. Héloïse naquit à Paris, l'an 1100.

d'Abailard, l'infâme cruauté que Fulbert exerça contre lui, les jalouses persécutions de saint Bernard et des moines de Saint-Gildas, dont il était l'abbé, le rendirent en quelque sorte plus célèbre que ses savantes dissertations sur le *Pater*, sur *Ezéchiel* et sur la *Trinité* (1).

Héloïse, en conservant toutes ses qualités physiques, fut constante dans son amour; elle se retira du monde. Dans un être bien organisé, le souvenir seul d'une sensation fortement éprouvée peut l'enchaîner pour toujours. Héloïse était sensible; enfermée dans un cloître, elle fut victime de cette sensation délicieuse dont elle ne possédait plus que le souvenir. Réduite à jouir uniquement de la pensée, elle s'y conforma, et trouvait encore des charmes, même des plaisirs, dans la correspondance qu'elle entretenait avec son amant : ce qu'elle a pleinement justifié par les savantes épîtres qu'elle lui adressait.

Je t'ai tout immolé, devoir, honneur, sagesse ;
J'adorais Abailard, et dans ma douce ivresse,
Le reste de la terre était perdu pour moi :
Mon univers, mon Dieu, je trouvais tout en toi.

---

(1) Saint Bernard, jaloux des talens d'Abailard, le persécuta pour ses opinions. Dans les lettres qu'il écrivit au pape Innocent II, sur son *Traité de la Trinité*, il dit : « Abailard est un horrible composé d'*Arius*, de *Pelage*, et de *Nestorius*, un homme sans règle, un supérieur sans vigilance, un abbé sans moines, un homme sans mœurs, un monstre, un nouvel *Hérode*, un *antechrist*, etc. »

La haine des moines de Saint-Gildas pour leur abbé alla jusqu'à la fureur. Deux fois Abailard faillit être victime du poison qu'on lui avait préparé; il eut la douleur de voir périr dans ses bras un jeune religieux qui avait bu, par méprise, un breuvage qui était préparé pour lui.

Ces vers, traduits par Collardeau, donnent une juste idée de l'amour et de l'enthousiasme d'Héloïse. Elle possédait les qualités de l'esprit, et, par dessus tout, Héloïse était aimante, don rare et précieux qui captive tous les cœurs, et qui fait que l'on est chéri de tout le monde.

Héloïse et Abailard sont jugés. Qu'il nous soit permis de promener nos regards sur le monument que nous avons élevé dans notre MUSÉUM, et dans lequel nous avons réuni leurs cendres sous une seule et même tombe. Nous dirons, à la suite de l'admiration que nous portons à la mémoire de ces illustres personnages, que leur juste appréciateur, nous avons rendu à la capitale, témoin de leurs premières amours et de leurs malheurs, des ossemens précieux que la vente du Paraclet aurait nécessairement dispersés sans notre précaution. Nous pensons donc, qu'en déposant dans le temple des arts, au milieu des hommes et des femmes les plus célèbres de la France, ces reliques précieuses, jadis animées par la passion la plus vive et par le feu du génie, nous avons rempli un devoir pieux, et que nous avons satisfait le vœu de la postérité en prévenant, pour ainsi dire, l'insulte qu'un peuple égaré ou ignorant pouvait commettre sur les restes de deux personnages mémorables. Suspendons nos écrits; c'est dans les lettres originales qu'il convient de lire les amours d'Héloïse et d'Abailard.

Les artistes de leur temps n'ont rien fait pour nous conserver l'image de ces malheureux amans; poursuivis sans cesse, on pourrait croire que l'envie avait d'avance rompu malicieusement les pinceaux du peintre et brisé l'ébauchoir du sculpteur.

Héloïse, la tendre Héloïse, qui attachait tant de prix à la possession du portrait d'Abailard, soumise aux règles sévères qu'il avait prescrites à ses fidèles compagnes, n'osa placer aucune peinture dans son oratoire, si ce n'est un crucifix de bois, grossièrement sculpté. Les orateurs chrétiens de ce temps-là, divisés d'opinion, et Abailard lui-même, qui avait adopté les règles les plus austères, qualifiait de *luxe coupable* les peintures, les sculptures, ou toute autre espèce de décoration dans l'intérieur des cloîtres.

Chapelle sépulcrale d'Héloïse et d'Abailard.

Cette chapelle, que nous avons fait construire avec les débris du cloître du Paraclet, et dont on voit ici la gravure, montre le premier style de l'architecture, improprement appelée *gothique*, telle qu'elle était pratiquée aux premières époques de son introduction en France, c'est-à-dire, que la forme ogive des voûtes est plus aplatie, qu'elle dessine moins parfaitement l'œuf (*Voyez* à la fin du volume l'article sur l'*origine et l'emploi de l'ogive*), ainsi qu'on l'a pratiqué sous le règne de saint Louis, que nous considérons comme l'époque où ce genre d'architecture fut perfectionné.

Le premier style de cette architecture est moins élégant et moins riche que le second. Les voûtes sont plus basses. Les nervures qui les décorent, composées de trois moulures, dessinent, si on les coupe, une feuille de trèfle. Les arcs ont la même forme ainsi que les croisées, et les colonnes sont généralement peu multipliées.

La forme de la chapelle d'Héloïse et d'Abailard, est celle d'un carré long de quatorze pieds sur onze ; sa hauteur est de vingt-quatre pieds. Un clocher de douze pieds, percé à jour, s'élève au dessus de la toiture ; quatre clochers plus petits, et d'un travail très-délicat, et quatre têtes d'animaux fantastiques, terminent les angles du monument. Quatorze colonnes de six pieds, en pierre, ornées de chapiteaux arabesques, variés par la forme et la composition, supportent dix arcades en ogives, percées à jour et en façon de trèfle; des corniches décorées de fleurs des champs, ainsi que quatre frontons, qui sont ornés de bas-reliefs, de rosaces, et des médaillons d'Héloïse et d'Abailard, forment la totalité de la chapelle où sont déposés les illustres restes de l'abbesse du Paraclet et de l'abbé de Saint-Gildas.

Dans le milieu de la chapelle on voit le tombeau d'Abailard, que Pierre, le vénérable abbé de Cluny, avait fait élever à son ami. Abailard y est sculpté, couché à la manière du temps, vêtu en religieux, la tête faiblement inclinée sur un oreiller que soutiennent deux anges; il a les mains jointes, et on voit à ses pieds un chien, l'emblême du droit de chasse, dont il jouissait en sa qualité de gentilhomme. La statue, aussi couchée, de son intéressante amie, sculptée en habit de veuve, qui est celui que prenaient alors les religieuses, est placée à côté de la sienne. Les reliefs du sarcophage représentent les Pères de l'église et une cérémonie religieuse. C'est dans ce tombeau, resté orphelin pendant plusieurs siècles, que nous avons déposé nous-même les dépouilles des célèbres amans du douzième siècle. (*Voyez* tome Ier, pages 226 et 228, les inscriptions dont il est orné.)

Portrait d'Abailard, peint sur verre.
(Planche 243.)

Cette peinture représente Abailard à genoux, en habit de religieux, faisant sa prière, tel qu'il est représenté sur une des vitres de l'église cathédrale de Chartres. Voici ce qu'on lit au bas du dessin de ce vitrage, que nous avons tiré du porte-feuille de Gangnères (bibliothèque du Roi) : *Pierre Baillard, en habit de chanoine, que l'on croit être Abailard, ami d'Héloïse, ainsi représenté sur une ancienne vitre de l'église de Notre-Dame de Chartres.*

Bas-reliefs du tombeau de Dagobert.
(Planche 244.)

La chapelle sépulcrale du roi Dagobert, que nous avons fait graver, décrite tome Ier, page 152 et suivantes, était placée dans l'église royale de Saint-Denis, sous la première arcade du chœur, à droite; elle avait deux faces composées et décorées à peu près de même. L'une faisait face au maître autel, et l'autre ne pouvait se voir que du côté des chapelles construites hors du chœur, sous le gouvernement de l'abbé Suger.

Saint Louis, animé d'un sentiment de piété

Peinture sur verre, représentant Abélard.

et de reconnaissance envers le fondateur de l'abbaye de Saint-Denis, ne borna pas uniquement le devoir religieux qu'il s'était imposé par la restauration complète de l'église et l'édification du tombeau de Dagobert, ainsi que l'abbé Suger en avait eu le projet; il fit sculpter en pierre les statues des rois que l'on avait inhumés avant lui, dans la tombe royale. Ces statues précieuses, coloriées selon l'usage et les costumes du temps, et qui ont été conservées pendant plus de vingt-cinq ans dans notre Muséum, restitués à l'église Saint-Denis, sont placées maintenant dans les galeries souterraines. (*Voyez* les gravures et la description de ces figures, tome Ier, page 184 jusqu'à 188.)

La face principale du monument de Dagobert se compose d'une grande arcade ogive, formée par trois montans dessinés en rouleau, tournant autour de l'ogive, qui, dans son milieu, présente un vide sur lequel sont sculptés six anges, posés debout, tenant chacun un encensoir. Ces petites statues sont d'un excellent goût de dessin, et drapées à la manière des premiers peintres italiens, ce qui nous autorise à croire que les sculpteurs qui ont travaillé au tombeau de Dagobert avaient voyagé en Italie avant d'entreprendre ce grand ouvrage. Le montant qui couronne la frise, est décoré de feuillages aussi en relief. Celui du dessous n'est point orné, et se prolonge jusqu'à l'extrémité inférieure du monument.

Au dessus de cette espèce d'arcade se dessine un grand fronton pointu très-élevé, encadré de chaque côté par deux rouleaux ou tors montans, dont l'entre-deux, formant cannelure, est décoré de petites fleurs des champs, saillantes et agréables à la vue. Chacun des montans est orné extérieurement de feuillages isolés, dont les extrémités se recourbent sur elles-mêmes, comme la feuille du chou. Le milieu de ce fronton, dont la pointe se termine par une grosse tige de mauve, vulgairement connue sous le nom de *bouillon-blanc*, contient trois figures très-bien drapées et passablement sculptées, représentant saint Denis et saint Maurice, vêtus de leur chappe, crossés et mitrés, à genoux devant Jésus-Christ, qui est debout au milieu d'eux, et dont ils implorent la bienveillance en faveur de l'âme de Dagobert, devenue la proie des démons, comme le dit la tradition vulgaire, et ainsi qu'on l'a figuré par les trois bas-reliefs qui garnissent le milieu de la chapelle. (*Voyez* la gravure.)

Chaque côté de la retombée de l'ogive principale ou de l'arcade pointue, formant portique, repose sur deux petits dômes très-saillans et à trois faces, cintrés en ogive dans l'intérieur. Extérieurement, ils se composent de divers petits frontons pointus à jour, décorés de feuillages et de petites tours, faisant allusion aux armes de Castille, qui étaient celles de la reine Blanche, mère de saint Louis, sous la régence de laquelle le monument a été construit.

Les dômes, ainsi que le grand portique, qui embrasse la totalité du monument, sont la représentation d'une église; ils couronnent les statues en pied de la reine Nanthilde, femme de Dagobert, et de Clovis II, son fils; elles sont sculptées de grandeur naturelle, et adossées aux principaux piliers de l'édifice. Il n'y a aucun doute que les dômes, ainsi que le portique, dessinés et sculptés ici, expriment que les personnages auxquels on en fait les honneurs, sont morts dans la croyance des dogmes de l'église apostolique et romaine, et qu'ils ont été jugés dignes de la sépulture chrétienne. Nous parlons plus particulièrement de ce détail, parce qu'il se répète sur tous les tombeaux, comme sur toutes les tombes qui ont été consacrées aux morts pendant plus de cinq siècles, à compter du douzième, et qu'il est bon de faire connaître quel a été le motif de ce genre de décoration qui se trouve par-tout.

Les piliers des quatres angles, formés en apparence par quatre colonnes minces, qui s'élèvent de la base du monument jusqu'aux deux tiers de l'arcade principale, sont couronnés par quatre flèches ou pyramides, ornées d'écailles de poisson, de feuillages, et terminées par des touffes de feuilles de chardon, réunies en groupe, qui montent jusqu'à la hauteur du monument.

On remarquera particulièrement ces espèces de pyramides ou d'obélisques, car on les a singulièrement multipliés dans la décoration extérieure des édifices du genre de celui-ci, comme l'église cathédrale de Paris le fait voir, ainsi que tous les monumens construits depuis les croisades, soit en France, en Allemagne ou en Angleterre. Ces pyramides couronnent ordinairement des massifs ou des avant-corps qui s'élèvent fort haut, et qui, en le décorant, servent aussi à la solidité du bâtiment. Ces flèches garnissent la toiture et s'élèvent dans les airs comme autant de clochers; elles ont l'avantage de masquer de grands arcs ou contre-forts qui maintiennent les voûtes dans leur aplomb, et d'en empêcher l'écartement. En général, on observera que l'art de décorer, des architectes de ce temps-là, consiste à masquer les principales forces ou points d'appui par des détails agréables à la vue, et par des colonnes minces très-élevées et multipliées à l'infini.

Dans l'intérieur du portique de la chapelle sépulcrale de Dagobert, et au dessous de son soubassement, se voit un sarcophage en marbre *lumachelle*, gris de Bourgogne, qui est orné, sur sa face principale, de fleurs-de-lys sans nombre, fort bien sculptées. Sur le même sarcophage est la statue couchée du roi, ayant les mains jointes et la couronne sur la tête; il est vêtu d'une tunique longue et du manteau royal. L'inscription qui est peinte sur le bandeau, ainsi que celle des autres frises, sont rapportées tome Ier, page 154.

Au dessus de la statue de Dagobert, sont sculptés les trois grands bas-reliefs dont on voit ici la gravure. Les figures en sont très-saillantes. Placés l'un sur l'autre, à la manière ancienne, ils figurent autant de tableaux que le conte publié sur la mort du roi présente de divisions, et chacun d'eux, formant une frise séparée, est décoré de feuillages bien sculptés, de petits ogives découpés à jour, qui représentent des maisons et des petites tourelles, par allusion aux armes de Castille. On remarquera qu'à la seconde bande qui couronne le deuxième bas-relief, quatre petits frontons sont enflammés; ils désignent l'Enfer, qui joue un rôle dans l'espèce de poëme ou de fable que l'on a figurée; en voici la relation, que nous avons extraite d'un ancien manuscrit de G. de Nangis, bénédictin de Saint-Denis, mort en 1302.

« Quant le bon roy Dagobert, dont je vous ay ci-» devant dit fu trespassé, si avint, par la volunté notre » Seigneur, que, pour ce qu'il n'estoit pas bien es-» purgié d'aulcuns meffait qu'il avoit fait en sa vie, » et pour ce si, comme dient aulcuns, que les sains » desqúels il avoit ravi les corps s'estoient courocés et » malmens envers luí. Li aulcun ennemis prisrent » s'ame quant elle parti du corps, et l'encuidierent » bien mener, et entrerent en ung bastel, grant joie » et grant noise de menans. O tabours et o trompes et » busines, et ainssi l'ame au bon roy estoit molt es-» perdue entre ces déables, car bien cuidoit estre » dampnée. Mais monseigneur saint Denis, qui n'ou-» blia mie son bon amy le roy Dagobert, requist à » Nostre Seigneur Jesus-Christ, qu'il lui donnast » congié daler secourre la dicte ame, laquelle chose » comme Nostre Seigneur lui eust octroié, saint Denis » s'en ala et mena avecques lui saint Morise et autres » amys, que le roy Dagobert avoit moult honorés en » sa vie, et avecques eulx orent des anges qui les » conduirent jusques en la mer, et quant ils vindrent » la ou les déables tenoient et emmenoient à grant » feste l'ame du roy Dagobert, si le misrent entre elx » et se combatirent encontre les déables, mais toute-» voies les déables n'orent povair contre saint Denis » ne sa compaignie, ainçois furent les déables vaincus » et furent trebuchés l'un ça, l'autre là, en la mer, » et puis les anges prinrent l'ame du roy Dagobert, » et saint Denis s'en ala en Paradis avec sa compai-

»gnie. Et ainssi povez entendre comment monseigneur »saint Denis délivra l'ame du roy Dagobert des mains »aux ennemis, en l'onneur et pour l'amour de ce »que le roy Dagobert avoit fondé l'église de Saint-»Denis en l'onneur de lui, qu'il avoit tousjours moult »honoré; et se de ce ne me croiez, alez à Saint-»Denis, en France, en l'église, et regardez devant »l'autel où l'on chante tous les jours la grant messe, »là où le roy Dagobert gist. Là verrez-vous au dessus »de lui ce que je vous ay dit pourtrait, et de noble »euvre richement enluminée.. » *Voyez* aussi tome Ier, page 153.

Le sculpteur, pour représenter l'âme de Dagobert, a fort ingénieusement supprimé la barbe et la partie qui caractérise le sexe dans les trois statues du roi, que l'on voit daus les bas-reliefs. En cela il s'est conformé à l'opinion des anciens, qui ne donnaient aucun sexe à l'âme, Montfaucon, dans son antiquité expliquée, rapporte que les corps des bienheureux n'ont point de consistance, point d'os ni de chair, ni chose qui puisse résister à l'attouchement. Ce ne sont, dit-il, que des âmes qui ont un voile extérieur de forme humaine, en un mot, des *ombres*, comme étaient, dans l'opinion des payens, toutes les âmes des défunts. En effet, l'âme se compose d'*intelligence*, d'*harmonie* et d'*amour*; elle est descendue du ciel et elle y remonte en quittant le corps qu'elle a habité sur la terre.

Nous ne doutons point que les angoisses et les épreuves par lesquelles on fait passer ici l'âme du roi Dagobert, avant d'arriver à la parfaite béatitude, ne soit une espèce d'expiation imitée des théories de l'antiquité. La doctrine sur la destruction et la réorganisation éternelle des corps, une fois admise, on a dit que les âmes des morts pouvaient se purifier de leur souillure par l'emploi des trois élémens; le *feu*, l'*eau* et l'*air*. Ce système des philosophes a fourni trois espèces d'expiations ou de purgations usitées dans les sacrifices des anciens, par le moyen des torches allumées, de l'eau et de l'air.

La purification par le feu est exprimée sur le tombeau de Dagobert par les flammes de l'Enfer, qui sortent et se dessinent extérieurement, et qui, en quelque sorte, enveloppent la barque dans laquelle se trouve l'âme du roi. Les anciens faisaient promener des torches allumées sur le corps du coupable.

La purification de l'eau se pratiquait par l'aspersion de l'eau lustrale, ou par des bains pris dans les fontaines établies exprès dans les temples. Dans le bas-relief du milieu, du même tombeau, on voit que c'est après avoir aspergé l'âme de Dagobert avec de l'eau bénite, que saint Denis et saint Martin s'en rendent les maîtres, et parviennent à chasser les démons.

Quant à l'expiation de l'air, elle fut pratiquée par les Athéniens, qui, pour expier le suicide d'Erigone, occasionné par leur négligence, se balançaient dans l'air, étant suspendus avec des cordes, pendant les fêtes appelées *Alétides* ou *Eories*. Ayant été ainsi purifiées, les âmes étaient reçues dans les Champs-Elysées. L'âme de Dagobert, après avoir traversé les airs, est admise dans le sein d'Abraham, c'est-à-dire, dans le Paradis, où est le trône de Dieu; car *Abraham* s'explique par *Pater altissimus*.

La statue du roi, ainsi que les figures des bas-reliefs, jusqu'aux inscriptions, se détachent sur un fond mosaïque en relief, formé par un mastic dur, fin, peu saillant, dont les dessins paraissent avoir été poussés dans un moule. Ce genre de mosaïque, composé d'une infinité de lozanges, renferme dans chacune de ses divisions, un ornement varié. On y voit des oiseaux, des fleurs de lys, des rosaces et beaucoup d'autres choses d'un bon goût et d'une composition agréable. Ces détails, dans le principe, étaient dorés et coloriés à la manière des orientaux, c'est-à-dire, comme l'étaient nos églises syriennes, dites *gothiques ;* mais le tout ayant été couvert, à plusieurs reprises, d'une couche de peinture à l'huile, il ne reste plus de cette richesse d'ornemens, que quelques parties qui ont été préservées du pinceau et de la barbarie des ignorans (1). Nangis, comme on l'a vu plus haut, en parlant de ce tombeau, a dit:

---

(1) M. Debret, architecte de l'église Saint-Denis, et moi, nous nous sommes entendus pour rétablir les peintures et les dorures de ce monument, et lui rendre son antique beauté.

Là, verrez-vous, au dessus de la figure couchée du bon roy Dagobert, ce que je vous ay dit, pourtraict et de noble œuvre richement enluminée.

Auprès du tombeau de Dagobert, on voyait anciennement, dans l'église de Saint-Denis, deux statues de grandeur naturelle, en pierre de liais représentant la reine Nanthilde, sa seconde femme, et Sigebert, roi d'Austrasie, l'aîné des enfans qu'il eût de Rentrude, sa troisième femme. *Ces deux figures*, dit le père Noblet, dans sa description de Saint-Denis, *faites d'après le naturel, sont grandement et artistement élaborées.* Elles ont disparu sans qu'on puisse savoir où elles ont passé ; il n'en reste que les gravures qu'en a donné Montfaucon, dans sa Monarchie française ; elles existaient encore de son temps.

Le monument de Dagobert, après avoir éprouvé des mutilations considérables, par suite des ravages que l'on a exercés dans l'église Saint-Denis, a été transporté à Paris, au Musée des Monumens français, où il a été relevé, restauré et exposé aux regards des artistes et des amateurs, pendant plus de vingt-cinq ans ; enfin, il a été restitué à l'église Saint-Denis, dont il était le patrimoine, dans le courant d'avril 1818. Des changemens considérables, qui se sont faits dans le chœur, ayant empêché de réédifier le monument de Dagobert, à la place qu'il occupait originairement, on a cru devoir le placer à l'entrée de l'église, comme un hommage rendu à son premier fondateur. En entrant, il est le premier objet qui se présente, et sa vue rappelle au peuple les œuvres de piété et de munificence que le roi fit, non-seulement à l'église, mais encore à la ville de Saint-Denis, qu'il affranchit de redevances considérables, et où il institua, tous les ans, une foire, qui, depuis ce temps, fut très-favorable aux commerçans.

Le tombeau de Dagobert vient d'être restauré par M. Debret, qui a cru devoir tirer avantageusement parti des deux faces du monument, qu'on ne pouvait pas replacer, dans la totalité de son épaisseur, sans gêner la voie publique, en les séparant, pour faire la contrepartie, par un cénotaphe à la reine Nanthilde: on l'y voit, couchée sur une tombe, en face de son auguste époux.

La masse de cette seconde face du monument de Dagobert est, à peu de chose près, la même que celle de la face principale; elle se compose des mêmes colonnades et d'un fronton semblable, dans lequel sont sculptées des statues représentant Jésus-Christ, debout, ayant à ses pieds la reine Nanthilde et Clovis II, son fils, figurés dans une attitude suppliante. On y voit aussi des mosaïques et d'autres ornemens qui forment un ensemble pittoresque, selon le style et le goût du temps.

Enfin, si l'on examine avec attention les bas-reliefs qui ornent le tombeau de Dagobert, on les verra comme des modèles de la sculpture du *second style* dans le moyen âge; car, comme nous l'avons observé, nous divisons cette importante époque de nos arts en deux styles; c'est-à-dire, que nous comprenons dans le premier style tous les monumens faits en France depuis les rois de la première race jusqu'au règne de Philippe-Auguste, et, dans le second, ceux de cette dernière époque jusqu'au règne de Charles VIII.

En comparant la sculpture du premier style avec celle du tombeau de Dagobert, on remarquera, dans celle-ci, moins de roideur dans l'ensemble des figures et plus d'aisance dans les attitudes; on y verra de la vérité et même de l'expression dans le geste; on y trouvera plus de méthode dans l'art de modeler, et infiniment plus de soin dans l'exécution.

ORIGINE DE L'ARCHITECTURE,

IMPROPREMENT APPELÉE *GOTHIQUE*.

Observations sur son introduction en France.

Les Francs avaient peu construit, lorsqu'ils passèrent dans la Gaule. La vue des édifices dus à la magnificence des Romains, fut pour eux un spectacle nouveau qu'ils ne tentèrent pas d'imiter; car c'est encore, comme sous les Romains, aux artistes grecs que nous sommes redevables des monumens élevés sous les deux premières dynasties de nos rois, et même jusqu'aux croisades, à la suite desquelles fut introduite une architecture nouvelle.

Après que l'on eut abandonné la simplicité de l'architecture lombarde ou romaine du Bas-Empire, sa sagesse dans le choix et sa réserve dans l'emploi des ornemens, il parut une architecture noble, élégante et légère, téméraire même dans l'exécution, et sur la solidité de laquelle on n'est rassuré qu'après avoir examiné les voussures et les points d'appui qui constituent réellement les forces de l'édifice. Cette architecture reçut le nom de *gothique*, parce qu'on regardait les Saxons comme en ayant fait usage avant les autres peuples du nord de l'Europe. C'est une erreur. L'architecture lombarde, ou le style romain dégénéré, paraît avoir été généralement adopté en Europe aux premières époques du Bas-Empire. Le style de l'architecture saxonne, suivant M. Millin, passa de la France en Angleterre, et sur-tout de la Normandie. Les anciens Anglais, ajoute-t-il, à cause de leurs relations avec les Romains, adoptèrent d'abord le goût romain dans la construction de leurs églises. Après la conquête de l'Angleterre par les Normands, ce style fut appelé par les moines *opus romanum*, parce que c'était une imitation de l'architecture romaine dégénérée. D'après cela, nous sommes autorisés à dire que l'architecture saxonne est celle qui se pratiquait en France, sous le règne de Charlemagne. (*Voyez* dans les volumes précédens ce que nous avons dit de cette architecture.)

§ Ier. L'architecture vulgairement appelée *gothique*, est une architecture *saracinique ;* c'est-à-dire, *sarrazine* ou *mauresque*.

Les palais, les mosquées, ainsi que les riches habitations des Turcs, nous montrent encore cette construction élégante et hardie dans leur architecture. Les Sarrazins, originaires d'Arabie, s'étant retirés en Syrie vers le septième siècle, après avoir embrassé la religion de Mahomet, se nommèrent des rois, se rendirent puissans, et se firent redouter ; tout céda à la force du glaive et au texte du koran. Formés en colonnes errantes ou mobiles, ils parcouraient ainsi l'Afrique, l'Asie et l'Europe; ils s'emparèrent de l'Espagne et pénétrèrent jusqu'au centre de la France, d'où ils furent chassés par Charles Martel. L'Égypte, la Syrie et la Perse faisaient partie de leur empire, et on sait que c'est contre ces peuples, que l'on appelait *infidèles*, que l'on imagina les croisades.

Le nom seul d'infidèle enflamma le courage des Français, au point que le plus grand nombre de la nation abandonna femme, enfans et patrie. On vit des hommes vraiment pieux, animés du zèle de la foi, ayant à leur tête un moine guerrier, émigrer par troupes, les armes à la main, et faire la conquête de la terre sainte.

C'est par une suite de la dévotion qui faisait marcher les Français jusqu'au fond de la Syrie, que les croisés, à leur retour en France, ont fait imiter la construction des temples que leur valeur restitua au culte pour lequel ils avaient versé leur sang.

Saint Louis avait environ vingt-trois ans, lorsqu'il se croisa pour la première fois. Suivant Moreri, André Thévet, Félibien, et beaucoup d'autres écrivains, il emmena avec lui le célèbre ingénieur Eudes de Montreuil ou Montereau, et une grande quantité d'artistes et d'artisans, capables de porter les armes et de combattre au besoin : le *saint roi avait dessein*, dit Mézerai, *de fonder des colonies françaises en ce pays*. Montreuil, par ordre du roi, fortifia la ville de Jaffa.

L'Égypte nous offre un assez grand nombre de monumens d'architecture sarrazine, dont le style contraste d'une manière singulière avec celui de l'architecture égyptienne et celui de l'architecture grecque.

Parmi les restes de l'architecture sarrazine, il faut compter les murailles d'Alexandrie, bâties en 878 pour le calife Montahwakkel; plusieurs arcades de l'aqueduc d'Alexandrie restaurées par les Sarrazins, ce qui est indiqué par le style et le goût des chapiteaux; la mosquée et les débris de l'ancien palais des sultans, au Caire, sont aussi des ouvrages sarrazins; pour les connaître, il est bon de consulter le grand ouvrage de la commission d'Égypte. Le sultan Saladin-Sahedin, dont le véritable nom était *Jussuf* ou *Joseph*, a fait construire un grand nombre de monumens qui portent son nom; de ce nombre sont le palais de Joseph et le puits de Joseph, espèce de nilomètre, qui font l'ornement de la ville du Caire.

A son retour en France, le roi ordonna à cet architecte habile de construire plusieurs églises qu'il fonda, et dont on fait monter le nombre à trente-cinq sur les modèles de celles qu'ils avaient vues en Asie, où il les avait étudiées et dessinées. En 1238, saint Louis ayant acquis de l'empereur Baudouin, moyennant une forte somme d'argent, la couronne d'épine de notre Seigneur, l'éponge, les clous et la lance dont il eut le côté percé, il fit bâtir la Sainte-Chapelle de Paris, pour y déposer ces précieuses reliques. Cet édifice, terminé en 1239 (*Voyez* l'Histoire de la Sainte-Chapelle, par S.-J. Morand, page 27), ornée de vitraux magnifiques, de belles peintures, de riches dorures et d'incrustations précieuses, était une imitation parfaite des temples arabes dont nous parlons. On en attribue l'exécution à Pierre de Montreuil (1) que nous pensons être le même que Eudes,

(1) L'architecte de la Sainte-Chapelle de Paris, est nommé *Montreau* ou *Montreuil*, du village près Paris, où il est né. On lui attribue la construction de plusieurs édifices qui auraient été ordonnés par saint Louis; le réfectoire de Saint-Germain-des-

dont on a peut-être fait deux personnages, par erreur du prénom ; cependant, nous ne l'affirmons pas, attendu que Joinville, historien de saint Louis, qu'il avait suivi en terre sainte, ne parle ni de l'un ni de l'autre.

Prés et la chapelle de la sainte Vierge qui y était contiguë. Il mourut le 17 mars 1266, selon le nécrologe de Saint-Germain, et fut inhumé dans le chœur de cette chapelle, avec Anne, sa femme. Il était figuré sur une tombe en pierre de liais, avec une règle et un compas à la main. Autour de cette tombe était gravé ce qui suit :

Flos plenus morum, vivens doctor latomorum,
Musterolo natus jacet hic Petrus tumulatus,
Quem rex cœlorum perducat in alta polorum,
Christo milleno, biscento dueno,
Cum quinquageno quarto decessit in anno.

Voici l'épitaphe de sa femme :

Ici gist Annes feme jadis feu mestre Pierre de Monstereul.

Eudes, ingénieur de saint Louis, est indistinctement nommé *Montreuil* ou *Montreau*, de la ville de Montereau-Faut-Yonne, où on le fait naître. L'épitaphe que je viens de rapporter lève tous les doutes sur le prénom de l'architecte de la Sainte-Chapelle ; mais on reste toujours dans l'incertitude sur Eudes de Montreuil, dit *Montereau*, que les historiens désignent comme ayant suivi le roi à la première croisade, et comme ayant construit plusieurs églises à son retour à Paris.

On fixe l'achèvement de la Sainte-Chapelle à l'an 1239, et ce fut en 1238, suivant Mézerai, que saint Louis obtint de Baudouin les saintes reliques pour lesquelles il fit construire cet édifice dans son palais. Il est vrai qu'à son arrivée, le roi les déposa dans la chapelle *Saint-Nicolas* que Louis-le-Gros avait fondée en 1020, et convertie en *Oratoire du Palais*, sous l'invocation de la *Sainte-Vierge*, par Louis-le-Jeune, en 1160 ; mais encore a-t-il fallu plus d'un an pour construire un édifice de nature de celui-là.

Pl. 245. *Divers ornemens des Architectures Arabe, Indienne et Chinoise, comparés à l'architecture appellée Gothique.*

1. Elévation et détails de l'architecture Arabe.
2. Rosasse Indienne.

Il est certain que les Sarrazins empruntèrent eux-mêmes le goût de leur architecture des Perses et des Syriens dont ils avaient fait la conquête. Les Arabes donnent encore le nom de *Sarrazins* à ceux d'entre eux qui courent avidement au butin, comme ils appellent *Maures* les gens de travail qui restent dans les villes.

D'après ce que nous avons dit jusqu'à présent, il paraît démontré que l'architecture pratiquée en France depuis le retour des croisades, est une architecture *saracinique* ou sarrazine, et qu'on n'a pas dû lui donner le nom de *gothique*, puisque les Goths n'ont jamais rien construit dans nos contrées.

Il n'y a donc pas eu d'architecture gothique.

(Planche 245.)

On a un exemple de ce que nous venons d'avancer par les fragmens qui couvrent cette planche ; on y voit des détails et des chapiteaux tirés de l'architecture arabe, en Espagne, de l'architecture indienne et chinoise. *Fig.* 1re. Coupe d'une portion de la galerie du palais de Cordoue, bâtie par les Arabes. *Fig*. 2. Développement de l'un des chapiteaux de cette même galerie. *Fig*. 3. Encadrement de l'une des portes du même palais. *Fig*. 4. Espèce de rosace prise d'un monument indien. *Fig*. 5. Ornemens chinois.

§ II. Les Français avaient été préparés à l'exécution de la belle et savante architecture sarrazine par les élémens de mathémathiques que le célèbre Gerbert, instituteur de Robert-le-Pieux, avait appris en Espagne des docteurs arabes. Il fut le premier qui introduisit cette science en France; suivant Mézerai, il en fit l'application aux arts du dessin, et l'enseigna publiquement.

On s'accoutuma peu à peu à ne plus voir une utilité réelle et convenue dans les membres de l'architecture. Aux angles droits, aux formes arrondies de l'architecture romaine, on vit succéder dans celle-ci les angles aigus, et des portions de courbes irrégulières.

Les premiers chrétiens se réfugiaient dans des lieux secrets pour exercer plus librement leur culte; mais lorsque Constantin eut embrassé le christianisme, on bâtit des églises sur le modèle des basiliques, dont elles prirent le nom. Les architectes alors adoptèrent la forme elliptique et celle oblongue, comme étant plus convenables. Ces basiliques s'agrandirent par la suite, et on leur donna celle d'une croix romaine ou grecque. Il en résulta un espace considérable nommé le Chœur, exclusivement destiné aux prêtres, qui, par ce moyen, se trouvèrent isolés des assistans qui se tenaient dans ce que l'on appelle la *nef;* nous dirons plus tard ce que l'on doit entendre par la nef de l'église.

Pour annoncer l'heure des offices aux fidèles éloignés des églises, lorsque, suivant l'usage primitif des clochettes suspendues au dessus de la porte, on eut des cloches plus fortes, il fallut leur assigner une partie de l'édifice capable de les contenir, de supporter leur poids, et de leur permettre un libre mouvement dans l'air. La nécessité de cet emploi donna l'idée de bâtir des tours, et ce ne fut que plus tard que l'on construisit les flèches et les clochers au dessus des plates-formes; de là, sans doute, qu'on voit à certaines églises deux tours, une sans flèche, et l'autre avec une flèche. Les tours furent bâties

Bénitier de l'Eglise de Quimpercorantin.

d'abord vis-à-vis l'entrée de l'église, puis à côté de l'entrée. Nous avons beaucoup d'exemples de cet usage antique ; mais comme il en résultait un manque de symétrie, on bâtit une tour à chaque côté de l'entrée.

On distingue trois styles dans l'architecture appelée gothique, dont l'emploi se prolongea en France jusqu'au règne de François Ier, d'abord, on appuya des voûtes immenses sur des piliers massifs et lourds. La forme ogive était déjà connue ; mais elle est écrasée, aplatie, ornée seulement de trois gros filets ou moulures saillantes, ovales et en rapport avec sa figure. Sa division intérieure pour les croisées ou pour toute autre ouverture, se compose de trois parties égales entr'elles, dont la forme pour chacune d'elles est celle d'une feuille de vigne, de trèfle ou de lierre, découpée et percée à jour. Les ornemens représentent communément des feuilles de trèfle ou de lierre, et des fleurs des champs ; c'est-à-dire des fleurs simples, jamais de doubles et toujours indigènes.

Planches 246 et 247.

Les gravures suivantes peuvent servir de démonstration. La première représente un chapiteau de l'ancienne salle basse de l'Hôtel-Dieu de Paris, et la seconde un bénitier de l'église de Quimper-Corentin.

L'ornement dont on s'est le plus fréquemment servi, ressemble à une feuille de trèfle, et cette décoration se voit dans toute sa beauté à la grande fenêtre orientale du chœur des cathédrales de Paris, de Strasbourg et de Rouen. Pour les rosaces, on imitait la fleur connue sous le nom de marguerite, dite *paquerette*, le chou et le chardon, ainsi que la touffe que présente la réunion des feuillages du plantin. Nous avons fait mouler plusieurs de ces plantes, et nous avons constamment obtenu la rosace dont il est question. Quelquefois on employait dans les ornemens les feuilles d'eau et de mauve, comme cela se voit au chapiteau des églises Saint-Denis et Saint-Germain-des-Prés (*Voyez* planche 248). On y ajoutait aussi des figures fantastiques. (*Voyez* planche 249 un autre chapiteau de Saint-Germain-des-Prés.)

D'après toutes ces preuves, il est certain que les architectes ont embelli les édifices qu'ils ont construits par divers ornemens, dont le règne végétal leur a fourni le type. A la place des modillons, au dessus des corniches, on voit des masques maussadement gais, des têtes de monstres et d'animaux chimériques. Voilà ce qui caractérise le premier style. (*Voyez* le tombeau de Dagobert, tom. Ier, celui d'Abailard et d'Héloïse, même volume, et tom. VII, pag. 94, 95 et suivantes.)

Le second style, ou le perfectionnement de l'architecture gothique, s'opéra au retour de la première croisade de saint Louis, et cette amélioration est due aux architectes que le roi avait emmenés, et plus particulièrement à l'ingénieur Eudes de Montreuil, qui, d'après ses ordres, fortifia la ville de Jaffa. Alors, on développa davantage l'ovale de l'ogive; on éleva considérablement les voûtes, on multiplia les nervures qui en dessinent les arrêtes, et l'œil peut à peine apercevoir le nombre de faisceaux, de colonnes légères évidées, dont la hauteur est prodigieuse, et qui sont multipliées à l'infini. Tous les piliers, les creux des moulures et les frises sont couverts ou remplis par des feuillages et des animaux fantastiques, peints ou sculptés, et souvent dorés. Dans cette espèce d'édifice, le jour ne pénètre plus qu'à travers des découpures sans nombre; et les artistes de ces temps

Chapiteaux de l'Eglise souterraine de S.t Denis. N.o 1.

Chapiteaux de l'Eglise de St. Germain des Prés. N.° 1.

Chapiteaux de l'Eglise de St Germain des Prés, No. 2.

Pl. 250

Pag. 123

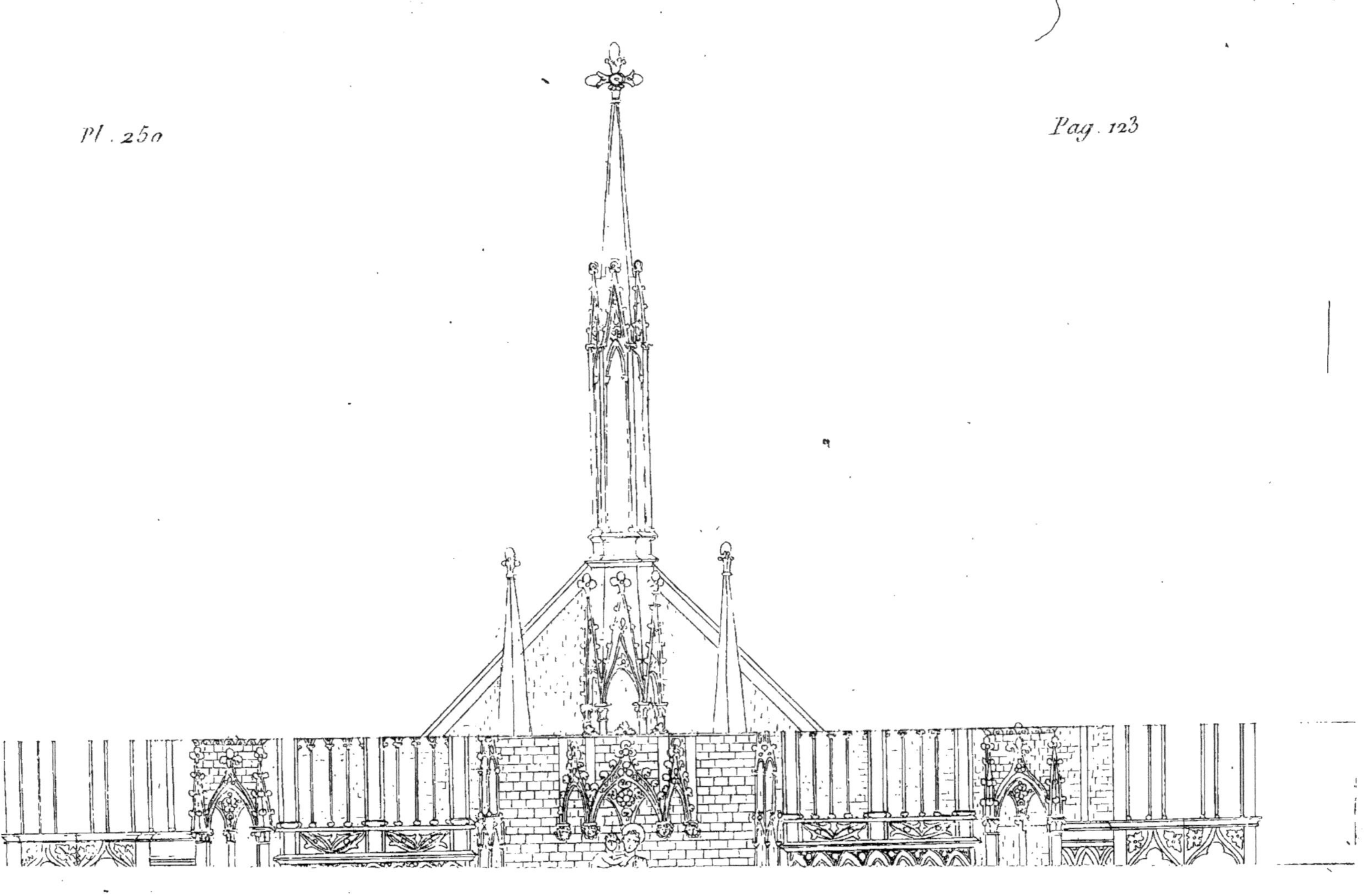

là ont poussé la perfection du travail au point de tailler la pierre avec autant de facilité, de légèreté et de finesse qu'on pourrait le faire sur le bois. Voilà ce que présente la chapelle des Grands-Carmes de Metz, dont on voit ici la gravure.

(Planche 250.)

La composition pyramidale de ce morceau curieux que nous avons fait transporter à la Malmaison, où il devait être restauré, est formé d'une multitude d'ornemens qui s'élèvent graduellement en pointes, et forment autant de petits clochers plus sveltes les uns que les autres, et percés à jour; le tout est réuni par une infinité de petits ornemens extrêmement délicats, aussi percés à jour, et formant un ensemble tellement harmonieux, qu'ils semblent avoir été taillés dans un seul bloc de pierre. La principale flèche, travaillée avec la même précision, s'élève à dix pieds au dessus de ceux qui l'accompagnent, ce qui donne à cette partie du monument vingt-huit pieds d'élévation, dont le produit total, si nous ajoutons les dix pieds de soubassement, forme un ensemble de trente-huit pieds, à compter du sol.

La figure suivante, planche 251, qui n'est pas aussi élégante, mais dont la composition est plus sage et mieux raisonnée, est la contre-partie de la première façade.

Ce fut aussi au treizième siècle, que l'on vit paraître dans nos églises les croisées parfaitement rondes, sculptées à jour comme de la dentelle et fermées par une prodigieuse quantité de petits morceaux de verre, dont les couleurs variées présentent à l'œil l'éclat d'un parterre émaillé de fleurs. On donne à ces croisées le nom de *roses*. Les plus riches et les plus belles que l'on connaisse sont celles des cathédrales de Paris, d'Auch, de Chartres et d'Amiens.

Le goût qui distingue le second style de l'architecture sarrazine, passa des grandes constructions aux plus petits ouvrages propres aux usages domestiques.

Il se fait remarquer, comme nous l'avons déjà dit, par l'élévation et la hardiesse de ses voûtes, la forme de leur cintre, la légèreté des colonnes, la variété des chapiteaux, et la multitude prodigieuse des ornemens qui offrent un brillant assemblage de frises, de mosaïques, de rinceaux et d'entrelas : d'appuis évidés ou découpés, de fleurons et de feuillages distribués avec beaucoup d'art. C'est à cette architecture que l'on est redevable de l'emploi des vitres peintes dans les églises. Nous avons fait connaître l'histoire particulière de cet art dans notre *sixième* volume, qui contient l'explication et les gravures des vitraux précieux qui ornaient le musée des monumens français; nous ajouterons à ce premier travail, de nouvelles observations qui seront l'objet d'un article qui sera imprimé à la fin du tome VIII.

Nous avons parlé plus haut de la partie de l'église appelée *nef*; nous allons proposer quelques idées sur ce que l'on doit entendre par cette désignation. Les mages considéraient le ciel comme une arche; c'est-à-dire, comme une nef contenant les Dieux et servant à les faire voyager dans le vague de l'air. A la suite de cette supposition mystérieuse, les anciens architectes ont donné la forme d'une nef à la plus grande partie des temples qu'ils avaient à bâtir; c'est-à-dire à celle qui précédait le sanctuaire, aujourd'hui à celle qui précède le chœur. Par une conséquence du principe, on a figuré dans cette partie du temple les signes du Zodiaque, les planètes et tout le cortége solaire. A ces représentations naturelles se rattachaient des idées religieuses, car ces peintures

2.e Chapelle de l'Église des Grands Carmes à Metz.

qui furent imitées dans les temples chrétiens, tel qu'on le voit encore au portail de l'église Notre-Dame de Paris ; sur ceux de Saint-Denis, de Strasbourg, de Rheims, de la nef de Sainte-Geneviève dont nous avons parlé page 74 (*Voyez* planche 233), et sur beaucoup d'autres édifices du même genre bâtis sur-tout à la même époque, ne sont qu'une répétition des figures qui décoraient l'antre mystérieux du Dieu des Perses. Cette imitation sera une preuve de plus que notre architecture gothique est comme nous l'avons dit *Sarrazine* ou *Mauresque*.

Les anciens ne couvraient point leurs temples pour mieux contempler les chefs-d'œuvre de la toute-puissance de Dieu. Les Gaulois, plus sévères encore pendant la prière, aimaient à jouir, non-seulement de la vue du ciel, mais encore des productions de la terre, parce qu'ils les considéraient comme le résultat des bienfaits de l'Être invisible qui gouverne tout. Les Gaulois sacrifiaient dans les bois ou dans les champs ; la voûte du ciel leur servait de temple. Ce serait donc par une tradition non interrompue de ce qui s'était fait en Chaldée, en Perse, en Égypte et dans les Gaules, que dans le nord de l'Europe, on peignait encore, dans le treizième siècle, la voûte des églises en bleu d'azur, avec des étoiles, et que l'on représentait intérieurement ou à la porte des églises, les signes du Zodiaque et les opérations agricoles pour chaque mois ; le tout en forme d'almanach, comme un usage plus anciennement consacré, imité des Arabes-Maures au retour des premières croisades. « Le principal culte des Maures, a dit » Chénier (*Recherches Historiques*), a dû se bor-

» ner à l'adoration du soleil, de la lune et des pla-
» nètes, qui, par leur bienfaisance et par la régu-
» larité de leur cours, ont dû inspirer aux hommes
» les premières idées de la Divinité. »

Zodiaque du portail de l'Église Notre-Dame. (Planche 252.)

Ce zodiaque, sculpté sur l'une des portes latérales de l'église Notre-Dame, est une espèce de calendrier composé de six colonnes. Sur les premières colonnes de droite et de gauche on a sculpté perpendiculairement les douze signes, suivant l'ordre correspondant des domiciles. Au haut du côté droit, *fig.* 1re, on voit le *Lion*, domicile du Soleil; de l'autre côté, à gauche, *fig.* 2, le *Cancer*, domicile de la Lune. Au dessus du Lion, *fig.* 3, les *Gémaux*, domicile de Mercure, sont dessinés debout, se donnant la main; vient ensuite, *fig.* 4, le *Taureau*, domicile de Vénus; plus bas, *fig.* 5, on remarque le *Bélier*, domicile de Mars; *fig.* 6, les *Poissons*, domicile de Jupiter, et *fig.* 7, le *Verseau*, domicile de Saturne. Sur le même bas-relief, à côté du Verseau, Noé est représenté à cheval sur un monstre marin, tenant son arche de la main droite; au dessous du Cancer, *fig.* 8, on voit la case de la *Vierge* qui correspond aux Gémeaux.

Ce qu'il y a de remarquable ici, c'est que le sculpteur ayant figuré la Vierge par une figure ronde de bosse, de six pieds, que l'on voit sur le pilier qui forme le centre de la porte, il s'est mis lui-même à la place qu'il devait occuper à la suite des autres signes, et s'y est représenté taillant la pierre.

Au dessous de la case où devait être la Vierge, on voit, *fig.* 9, la *Balance*, portée par une femme; la Balance a été cassée, mais on aperçoit encore le fléau dans les mains de la femme qui est figurée debout, ce signe est le domicile de Vénus. Le *Scorpion*, domicile de Mars, paraît ici sous la *fig.* 10; plus bas, la *fig.* 11, dessine le *Sagittaire*, domicile de Jupiter. La tête et les bras de cette figure ont été cassés; mais son attitude suffit pour reconnaître l'action qui lui est propre. Au dessus de

re signe, *fig.* 12, on voit le *Capricorne* représenté avec une queue de poisson, tel qu'il est dessiné sur les sphères anciennes. Saturne prenait son domicile dans ce signe. Les cases des autres colonnes sont remplies par des figures symboliques caractérisées, de manière à peindre l'état de la température de l'air, ainsi que les opérations de l'agriculture pour chaque mois de l'année.

Le troisième style de l'architecture sarrazine est ce qu'on appelle communément le *gothique fleuri*. Comme les autres styles, il est mauresque. Les voûtes sont élevées et régulières dans leur forme, comme celles du second style; mais elles sont surchargées d'une prodigieuse quantité d'ornemens saillans, dessinés en culs-de-lampe, dont le nombre trop répété nuit à l'unité de l'effet et fatigue la vue. Les colonnes y sont également multipliées et d'une hauteur prodigieuse. On y voit des pilastres surchargés de sculptures fantastiques, et des ouvertures carrées qui ne se trouvent pas dans les édifices du premier et du second styles. Les détails des croisées sont irréguliers et n'ont plus la simplicité noble et l'unité des lignes que l'on admire dans les autres; percés aussi à jour, ils représentent des élypses contrariés dans le dessin comme dans la forme, qui sont désagréables à voir. Enfin, ce genre nouveau, introduit dans l'architecture que l'on appelle gothique, prit naissance vers le milieu du quinzième siècle. L'envie de surpasser les architectes et les sculpteurs des siècles antérieurs fit faire aux artistes de celui-ci des choses inconvenantes, mais extraordinaires; le clocher de Chartres, les voûtes de l'église Saint-Eustache, à Paris, et beaucoup d'autres édifices du même genre en sont la preuve.

§. III. Comme nous l'avons déjà dit, il n'y a point p'architecture gothique, et si nous consultons l'histoire, nous verrons que les Goths se sont plus occupés de ravager les provinces de la France par lesquelles ils ont passé, que d'y construire des monumens. D'ailleurs l'architecture qu'on leur attribue, par sa construction, suppose une grande connaissance de la géométrie, de la stéréotomie, des mathématiques et une grande pratique du dessin. Enfin, ce genre d'architecture une fois admis, on vit disparaître les arcs en plein cintre, pour y substituer des voussures élevées et pointues, connues sous le nom d'*ogives*.

Ce fut vers le douzième siècle, sous le règne de Philippe - Auguste, qu'en France l'arc en ogive a remplacé les cintres parfaits de l'architecture lombarde. L'ogive plaît parce que sa forme est prise dans la nature, et que dans les rapports linéaires qui constituent son ensemble, on trouve de la grâce et de l'harmonie. Dans l'ogive, nous voyons la forme d'un œuf. En coupant un œuf en deux parties égales, on a précisément un arc ogive, dont les deux points d'appui s'établissent toujours à la moitié de l'œuf. M. Huet, dans un ouvrage imprimé en 1809, en parlant de l'ogive, a dit : à l'aide des ogives, nous grandissons notre ordonnance, nous acquérons de la légèreté, de la solidité ; en suivant le même système pour nos voûtes, en faisant revivre ces effets de perspective que l'on admire dans nos anciennes basiliques, nous obtenons ce mouvement et cette variété que n'ont jamais les voûtes en plein cintre.

La voûte en ogive, a-t-on dit dans un autre ouvrage, est l'imitation d'une allée d'arbres qui se dessine dans un jardin ou dans une forêt, et l'architecture gothique, dans l'origine, n'a été que l'imitation des forêts de chênes dans lesquelles les Druides sacrifiaient à Esus ou à Teutalès. S'il en était ainsi, les constructions connues sous le nom de gothiques, seraient des constructions celtiques ou gauloises. On se demande alors, pourquoi elles portent un nom si différent du peuple auquel on en attribue l'invention .... Mais, quand dans la celtique on ne trouve que des *peulvens*, des *dolmens* ou des *grottes*; quand, dans les gaules, on ne voit que des constructions romaines avec des cintres parfaits, des pilastres et des colonnes; quand ce système de bâtir est suivi sous le règne de Charlemagne et prolongé jusqu'aux croisades, époque où il cessa tout à coup; quand dans l'architecture gothique il n'y a ni pilastres ni cintres parfaits; quand on sait qu'elle était pratiquée en Asie avant de passer en France, on ne peut l'appeler ni *celtique*, ni *gauloise*; et on est en droit de la désigner par le nom de *saracinique* ou de *sarrazine*, puisqu'en effet ce sont les Sarrazins ou les Maures qui l'introduisirent en Europe. Pourquoi donc persisterait-on à lui conserver un nom qui ne lui convient pas?

Nous le répétons, dans l'arc ogive on trouve la forme d'un œuf, et nous ne pensons pas qu'il ait jamais été l'imitation de la voûte que dessinent les arbres dans les forêts, ou que l'on puisse le considérer comme un objet de la fantaisie d'un architecte. Plusieurs auteurs, il est vrai, ont voulu trouver l'origine de l'architecture gothique et celle de l'ogive, dans la réunion de deux arbres inclinés l'un vers l'autre. On y verrait, ajoutent-t-ils, le modèle des voûtes et des arceaux ; les groupes des rejetons assemblés autour d'un tronc commun firent naître les piliers groupés qui soutiennent l'édifice ; les jours multipliés et interrompus par des feuillages et les branches des arbres, furent représentés par les roses et les découpures qui partagent les fenêtres des anciennes églises. Cette idée a été complètement développée par M. Hall, dans un mémoire inséré dans les transactions de la société royale d'Edimbourg et traduit dans la bibliothèque britannique. Il rapporte les essais qu'il a faits pour construire avec des arbres et des perches des édifices gothiques qui lui ont très-bien réussi. Ceci, rapporté avec toute la gravité qu'exige un mémoire scientifique, nous rappelle néanmoins ce que font les Flamands. Ils ont une manière de tailler les ifs et les charmilles de leurs jardins, de façon à figurer des personnages fantastiques ou des colonnades ; ils en font aussi des géants et nous en avons vu qui représentaient un groupe de guerriers dans l'attitude de combattre.

Les essais de M. Hall ne justifient pas ce qu'il avance dans ses écrits ; car les chefs-d'œuvre des statuaires de l'antiquité, qui sont une imitation de l'homme et de la femme, ne nous apprennent rien sur l'origine de ces deux êtres si admirablement parfaits. Ce qu'il y a de certain, c'est que, de toute antiquité, les ornemens de l'architecture ont été puisés dans le règne végétal ou animal et la nature a toujours été mise à contribution par les architectes.

En Égypte les temples sont ornés de figures d'hommes, d'animaux et de feuillages ; les chapitaux représentent quelquefois des têtes humaines, sculptées sur les quatre faces ; on y voit plus ordinairement figurer le lotus et les feuilles du palmier, les deux symboles de l'abondance. L'histoire des Hébreux nous apprend que les chapitaux du temple de Salomon ressemblaient à une rose épanouie ; que les murs étaient des pierres taillées en rectangles, et ornés de chérubins, de palmes, de plantes et de fleurs. Nous avons des exemples de l'emploi de ces différentes figures dans l'architecture appelée *gothique* et nous ajouterons qu'à l'imitation du temple de Salomon, nous avons vu sur les murs de nos anciennes églises, des fleurs, des plantes et des figures de chérubins ; à tous ces ornemens nous ajouterons la peinture, la dorure et les incrustations en verre de couleur qui n'y étaient pas épargnés, comme cela se voyait à la Sainte-Chapelle de Paris et aux tombeaux de nos rois. Avant de pousser plus loin nos observations sur l'origine et l'emploi de l'ogive, nous dirons un mot des couleurs et des dorures dont on ornait tant intérieurement qu'extérieurement les anciennes églises chrétiennes.

Ces couleurs, ces dorures, que nous considérons comme emblématiques, nous paraissent être l'imitation de celles que les mages avaient consacrés à un Dieu supérieur, souverain maître de l'univers. On y voit *l'or*, le *bleu* et le *rouge* exclusivement employés, et il est naturel de penser que les chrétiens qui se sont croisés, rentrés dans leur patrie, ont voulu voir dans les nouvelles églises, non-seulement la répétition des formes de l'architecture qu'ils avaient admirée en Syrie, mais aussi celle des ornemens et des couleurs symboliques, qui, suivant les prêtres égyptiens, désignaient la *lumière*, le *ciel* et le *feu*. Ces images signifiaient Dieu et rappelaient aux hommes la création du monde et son organisation. On employait quelquefois le *noir* pour peindre la nuit ou les ténèbres ; mais pour exprimer que la lumière l'emporte sur les ténèbres, comme la vertu l'emporte sur le vice, la couleur noire était toujours absorbée par l'or, le bleu et le rouge. Telle était la décoration des anciennes églises ; telle est aussi celle des temples égyptiens. Les voûtes de celui de Philæ, dont les couleurs ont encore aujourd'hui tout leur éclat, sont peintes en bleu d'azur avec des étoiles, comme celles de nos églises.

Les chapitaux de l'église d'Issoire, dont nous avons parlé dans ce volume, page 73, et que nous avons fait graver planche 232, non-seulement ont des rapports avec ceux du temple de Philæ, pour la composition et la forme, mais aussi pour les couleurs. Débarrassés du badigeon, dont on a couvert toutes les églises dans les temps modernes, on a trouvé dessous les couleurs anciennes ; c'est-à-dire du rouge, du bleu, de l'or, du vert et du blanc. La même opération faite à Saint-Denis, à Saint-Germain-des-Prés, à Sainte-Geneviève, à Notre-Dame et dans plusieurs autres églises des dixième, onzième, douzième et treizième siècles, nous avons trouvé les mêmes résultats. On voit encore aux portails de Notre-Dame de Paris, de Chartres et de l'église Saint-Denis, les restes des dorures et des couleurs dont on les avait ornés dans le principe. Le tombeau de Dagobert, et nous l'avons déjà remarqué, était peint et doré dans toutes ses parties.

Chez les Grecs, pour peindre les Dieux, on employait l'or, le bleu et le cinabre. Bacchus avait un temple à Phelloë et à Phigalie dans lesquels sa statue était couleur de cinabre ; Apollon avait en Grèce des statues d'or, dont le visage et les mains étaient peints en rouge. Les Egyptiens vêtissaient l'initié aux mystères, d'une robe de lin, rayée de bleu, de rouge, de jaune et de blanc, et par dessus un manteau écarlate ; leurs prêtres, dans certaines circonstances, portaient un chapeau coclicot.

Nous l'avons déjà observé, le goût de colorier et de dorer l'intérieur des temples, passa dans nos contrées à la suite des croisades ; ce luxe s'étendit jusque sur les statues qui en étaient l'ornement. Les douze apôtres de la Sainte-Chapelle du palais, non seulement sont dorés, coloriés et peints au naturel; mais outre les étoffes dont ils sont vêtus, qui imitent le cachemire et les broderies, qui sont celles des schals, on voit dans quelques parties du vêtement, des pierres de couleur qui y sont incrustées avec beaucoup d'art, pour en augmenter la richesse. Les tombes et les statues que saint Louis fit ériger dans l'église Saint-Denis, aux rois de la première et de la seconde dynasties qui avaient été inhumés dans cette église, et qui, avant lui, n'avaient point encore de mausolée ; ainsi que les figures qui couvrent les tombeaux de son oncle Dagobert et de ses fils Louis et Tristan, morts en Palestine, sont peintes et dorées. Les statues deLouis-le-Jeune et de Philippe-Auguste étaient aussi dorées et coloriées au naturel. enfin le goût de peindre et de dorer l'architecture et la sculpture s'est prolongé, en France, jusqu'au seizième siècle.

§ IV. On a beaucoup écrit sur l'architecture appelée *gothique*, sans avoir jamais obtenu de résultats satisfaisans. Montesquieu qui en a parlé, n'y a vu *qu'une énigme pour l'œil et qu'embarras pour l'âme*. En effet ce genre d'architecture en impose, il porte l'âme à la réflexion et lui inspire la piété. Cette puissance magique sera toujours le résultat des arts libéraux, si on les porte à la perfection. Montesquieu a pu s'égarer en parlant de cette architecture; il n'avait aucune connaissance des arts du dessin; mais l rsque des hommes, dont la profession est de les pratiquer et de les enseigner, publient des doctrines dangereuses, ils méritent d'être signalés, pour éloigner des écoles l'impression que leurs discours peuvent faire sur les étudians. Il serait trop long de rapporter ici ce qu'ont dit Barbault, Blondel et plusieurs autres professeurs, sur l'architecture qu'ils appellent gothique; nous nous arrêterons seulement au texte d'un ouvrage d'architecture, imprimé, il y a quelques années, par un de nos professeurs les plus distingués de la capitale, il s'exprime ainsi :

« Tout ce que nous avons dit de l'architecture gothique, prouve évidemment qu'elle n'a rien, ou pres» que rien de cet art perfectionné par les Grecs; elle » semble, d'ailleurs, par son colossal et par l'incorrec» tion de son dessin, avoir puisé sa méthode dans l'ar» chitecture des Egyptiens. Les premiers, par l'ignorance » des principes, les architectes en gothique, par l'ou» b.i de ces mêmes principes, ont paru s'entendre à

» tenir la même marche dans leurs constructions; les » uns et les autres ont cru présenter des édifices in- » téressans en élevant des monumens gigantesques. La » plupart de nos cathédrales donnent la preuve de » cette assertion. J'ai vu des figures égyptiennes que » j'ai prises, au premier aspect, pour des magots go- » thiques enlevés de leurs niches à quelques-unes de » nos églises anciennes ; mais j'ai été détrompé par » l'examen des caractères égyptiens qui y sont gravés, » ainsi que par l'authenticité de leur origine. »

Nous pourrions répondre d'une manière victorieuse à tout ce que l'on vient d'entendre sur l'architecture dite gothique, et sur la sculpture qui en fait le principal ornement ; il nous suffirait d'examiner la belle église de Saint-Denis, dont le plan a quelque chose de noble et de gracieux, et dont l'élévation intérieure séduit par la beauté pittoresque ; pour la sculpture, nous détaillerions celle de la troisième porte du portail de Notre-Dame, du côté de l'archevêché, et nous prouverions sans peine que son style, son dessin et son exécution sévère, ont une similitude parfaite avec le premier style de l'art grec, que l'on attribue aux Étrusques. Si nous examinions l'ensemble pittoresque de cette immense basilique, que nous devons à la munificence de nos rois, nous admirerions sa masse imposante, ses voûtes hardies dont la hauteur est immense et qui semblent être suspendues dans les airs. L'œil est frappé de la multitude de colonnes dont l'élévation est prodigieuse ; on est pénétré d'un religieux étonnement en entrant dans l'église Notre-Dame. Et si nous examinons la quantité d'ornemens, de contre-forts, et de pyramides qui se dessinent comme autant de clochers à l'extérieur, nous dirons; la partie supérieure de Notre-Dame ressemble à une ville dont toutes les pointes seraient autant d'édifices. Nous ne doutons point, la solidité à part, que cette quantité immense de pyramides, qui présentent autant de minarets, n'ait eu pour but, dans l'origine, de figurer une ville (imaginaire), il est telle, par exemple, que la *Jérusalem céleste*, dont fait mention dans l'Apocalypse. Cette supposition, qui pourrait paraître hasardée, ne le sera pas si on pense à la nature des idées religieuses qui dominaient alors les esprits, et si l'on observe avec attention la quantité d'ornemens qui accompagnent la grande galerie de la façade principale au dessus des portes, on y voit des cirques, des tours, des pyramides, des murs avec des crénaux et beaucoup d'autres petits édifices qui concourent à représenter une ville. Mais ce que nous avons lu dans l'ouvrage du professeur, sur l'architecture et la sculpture égyptienne, nous a paru une erreur tellement forte, que nons avons cru devoir la relever, la considérant comme nuisible aux progrès de l'art. On conçoit difficilement qu'un professeur, un artiste, ait pu confondre les formes élégantes et prodigieusement allongées, ainsi que les voûtes en ogives et pointues de l'architecture que l'on attribue inconsidérément aux Goths, avec les masses imposantes, les élévations colossales, les formes carrées, et les plafonds plats également carrés constamment employés par les architectes égyptiens dans la construction des temples ou des palais.... L'architecture comme la sculpture égyptienne, la perfection que ces deux arts montrent dans les monumens et les statues du second style, les descriptions de Pomponius Mela et de Strabon, ainsi que l'ordonnance religieuse des emblêmes mystérieux, sous lesquels les prêtres cachaient aux étrangers les préceptes de la religion, gravés, peints ou sculptés dans l'intérieur des temples, aussi bien qu'à l'extérieur ; toutes ces choses probablement n'étaient pas suffisamment connues de notre professeur.

Quand on pense que les pyramides voisines de Memphis, égales dans leur base comme dans leurs hauteurs, sont orientes, et que les proportions de la plus grande ont été calculées d'après les mesures de la terre et d'après le cercle de déclinaison que le soleil décrit deux fois par an aux équinoxes ; quand on voit les colosses de Memnon, dont le mécanisme intérieur était combiné de manière à rendre des sons harmonieux au lever du soleil, par la seule introduction du vent qui accompagne l'aurore à l'arrivée du jour ; quand on voit les temples de Thèbes, de Medinet, Abou et d'Etfou, ornés de colonnes, de peintures et de sculptures magnifiques depuis leur sommité jusqu'à leur base ; quand on voit des obélisques de cent vingt pieds de haut, d'un seul morceau de granit ou de porphyre, dressés sur une surface égale à leur diamètre, dans la partie inférieure: quand, dis-je, on jette un coup d'œil sur des entreprises aussi vastes que merveilleuses, on admire la haute science des Égyptiens et le grand talent de leurs artistes.

L'architecture égyptienne convenait au climat qui l'a vu naître ; elle était appropriée à la religion d'Osiris, comme l'architecture syrienne appelée *gothique* née, pour ainsi dire, dans la patrie du Christ, convenait à la religion chrétienne, aux mœurs et aux habitudes des temps où elle a été si fréquemment employée en France.... L'évêque de Meaux, Bossuet, dans son histoire universelle, parle en homme de l'art et de goût des monumens de l'Égypte ; il les décrit comme s'il les avait parcourus et examinés... « L'architecture y montrait par-tout cette noble sim»plicité, dit-il, et cette grandeur qui remplit l'es»prit. De longues galeries y étalaient des sculptures »que la Grèce prenait pour modèles. Thèbes le pou»vait disputer aux plus belles villes de l'univers ; ses »cent portes, chantées par Homère, sont connues »de tout le monde.... Les Grecs et les Romains ont »célébré sa magnificence et sa grandeur, encore »qu'ils n'en eussent vu que les ruines, tant les restes »étaient augustes. Leurs statues étaient des colosses. »Leurs colonnes étaient immenses. L'Égypte visait au »grand, et voulait frapper les yeux au loin, mais »toujours en les contenant par la justesse des pro»portions. »

§ V. Nous avons dit, les Arabes-Maures, devenus maîtres de l'Asie et des côtes septentrionales de l'Afrique, passèrent ensuite en Europe et se répandirent en Espagne, dont ils firent la conquête. Ils construisirent en Espagne des palais et des temples qui existent encore, sur lesquels ils ont imprimé le caractère ineffaçable du génie oriental et le cachet remarquable de leur science et de leur goût; c'est précisément le même génie, la même science et le même goût que nous retrouvons dans notre prétendue architecture gothique.

Nous dirons encore, lorsque nous avons soutenu que c'était aux croisés que nous étions redevables de l'architecture syrienne appelée gothique, nous n'ignorions pas que les Allemands et les Anglais avaient la prétention de s'en attribuer l'invention ; ce qui a été confirmé par l'impression. A cela nous répondons : les Allemands partirent pour la Terre-Sainte, à la suite des exhortations de Pierre l'Hermite, en 1096. Ce fut pendant cette expédition lointaine que les Anglais occupèrent la Normandie. De là, le dire vulgaire, trop répété dans nos provinces, que les Anglais sont les seuls constructeurs des plus beaux édifices gothiques de la France, tels que la cathédrale de Chartres, celle de Caen, de Rouen, etc., etc. Mais les architectes de ces églises nous sont connus, leurs noms sont conservés dans les manuscrits de la bibliothèque ; ils sont tous Français.

A un préjugé que l'amour de la patrie aurait dû détruire depuis long-temps, nous opposerons le temps qu'il a fallu pour élever et perfectionner des édifices de la nature de ceux dont il est question, temps que nous avons fixé à plusieurs siècles ; tandis que nous en avons en France qui datent de plus d'un siècle avant ceux qui ont été bâtis en Angleterre ; d'après cela, il nous sera permis de croire, que si les Anglais avaient eu le goût de construire des monumens syriens, ils auraient commencé par en élever chez eux avant de le faire dans un pays étranger.

Richard, surnommé Cœur-de-Lion, frère du roi d'Angleterre, se croisa avec le roi de France, Philippe-Auguste, en 1190. Ce fut à son retour de la Terre-Sainte, que Richard, quoique déguisé, traversant l'Allemagne, fut arrêté et emprisonné par ordre de l'empereur Henri. Dans cette position, Richard n'avait aucun artiste avec lui; il n'a donc pas pu faire lever les plans, ni prendre des modèles de l'architecture appelée *gothique*, que l'on dit avoir pris naissance en Allemagne.

En un mot, les Anglais ne sont pas plus les inventeurs de l'architecture gothique, que les Français et les Allemands; chaque nation, rentrée dans ses foyers, après les croisades, a construit des édifices dans le style de ceux qu'elle avait vus en Syrie. Voilà comment cette architecture asiatique s'est introduite à la même époque dans le nord de l'Europe; dans la suite, chaque nation, selon ses habitudes et ses goûts, a modifié cette architecture et lui a donné, en quelque sorte, une espèce de physionomie nationale, sans cependant s'éloigner du caractère qui la distingue particulièrement. Nous avons donc eu raison de donner le nom de syrienne à l'architecture dite *gothique*, qui, d'ailleurs, eut, comme les autres arts, son enfance, son temps de splendeur et sa décadence.

Notre opinion sur l'architecture gothique se trouve confirmée d'une manière plus positive encore dans le voyage de lord Valentia : « l'architecture des mai» sons et des ornemens de Ledda (ville de l'Arabie dé» serte, située à trente-cinq lieues de la Mecque, avec » un port sur la mer Rouge), dit-il, a une ressem» blance frappante avec celle de Saxe. Les arches, les » voûtes plates et circulaires, les ornemens pointus » ont tout le caractère du gothique. Ledda est une » ville nouvelle; mais les maisons faites, sans doute,

» sur le modèle de celles de la Mecque, prouvent que » l'architecture que nous appelons *gothique* existait » en Arabie, long-temps avant qu'elle ne fut connue » en Europe. »

Nous trouvons aussi la confirmation de ce que nous avons dit sur l'emploi de l'ogive par les Indiens, dans les différens tableaux de l'Indoustan, de la Perse et de la Tartarie, par M. Mounstuart-Éphistone, ambassadeur à la cour de Kaboul. Dans la description qu'il donne du Palais-Royal, il parle d'un bâtiment de la principale cour, dont l'étage inférieur n'a ni porte ni fenêtres, mais de fausses arcades en *ogive*, avec des ornemens arabesques. Quoiqu'il en soit, de toutes ces observations, nous laissons à des hommes plus instruits que nous à résoudre la question de savoir à quel peuple on attribuera l'invention de l'architecture, si improprement appelée *gothique*, sans pour cela abandonner notre opinion.

FIN DU TOME VII.

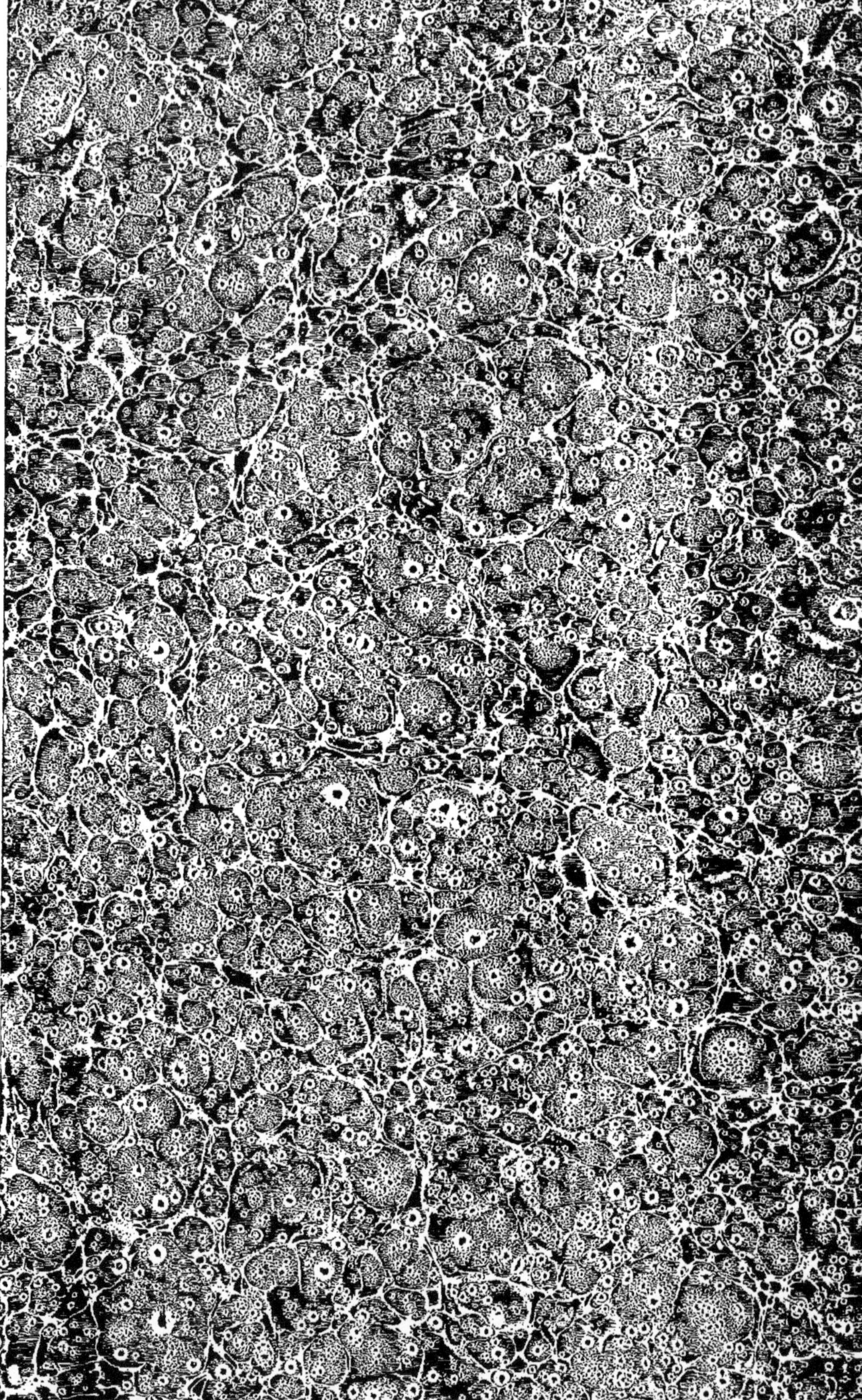

www.ingramcontent.com/pod-product-compliance
Ingram Content Group UK Ltd.
Pitfield, Milton Keynes, MK11 3LW, UK
UKHW020554230726
13926UKWH00005B/2014

9 782014 444490